房地产职业培训丛书

二手房销售的艺术

为你解决 96 个二手房销售的困惑

陈春洁　陈信科　等编著

机械工业出版社

本书根据编者多年的二手房销售和培训经验，总结了二手房销售过程中的各种常见问题和困惑，通过96个生动的情景案例，以"错误应对"+"困惑解析"+"正确应对示范"的编写方式，详细阐述了房地产经纪人应对各种销售问题的方法、技巧和话术。本书内容系统、全面、实战性强，书中的典型案例与各种实战话术一学就会，实用性强，能够帮助读者迅速提升职业素质，最终成长为一名优秀的房地产经纪人。

本书适用于房地产经纪人（二手房中介工作人员）、相关培训机构以及有志于从事房地产经纪（二手房中介）工作的相关人士和大中专院校相关专业的学生使用。

图书在版编目（CIP）数据

二手房销售的艺术：为你解决96个二手房销售的困惑/陈春洁等编著. —北京：机械工业出版社，2020.4

（房地产职业培训丛书）

ISBN 978-7-111-64943-4

Ⅰ.①二… Ⅱ.①陈… Ⅲ.①房地产—销售—职业培训—教材 Ⅳ.①F293.352

中国版本图书馆CIP数据核字（2020）第035559号

机械工业出版社（北京市百万庄大街22号　邮政编码100037）
策划编辑：宋晓磊　　　　责任编辑：宋晓磊　李宣敏
责任校对：黄兴伟　陈　越　封面设计：鞠　杨
责任印制：张　博
北京铭成印刷有限公司印刷
2020年4月第1版第1次印刷
184mm×260mm·15印张·253千字
标准书号：ISBN 978-7-111-64943-4
定价：59.00元

电话服务　　　　　　　　网络服务
客服电话：010-88361066　　机　工　官　网：www.cmpbook.com
　　　　　010-88379833　　机　工　官　博：weibo.com/cmp1952
　　　　　010-68326294　　金　书　网：www.golden-book.com
封底无防伪标均为盗版　　机工教育服务网：www.cmpedu.com

前言

目前二手房中介门店遍布于城市的大街小巷，尤其是在北京、上海、深圳、广州等一线城市，其中不乏雇员万人、门店数百家的大型房产中介公司，二手房交易量逐渐赶超一手房交易量，二手房交易市场的火爆可见一斑。

毋庸置疑，二手房中介是一个蓬勃发展的朝阳行业。然而，由于房地产经纪人的入职门槛低，人员素质良莠不齐，致使行业竞争无序。一般人只要入行一两个月后，就能熟悉工作流程和商圈，也接待了不少客户，甚至签过单。如果有人因此就认为二手房中介的工作很容易，那他（她）就错了。中国的楼市和股市一样，发展迅速，却又复杂易波动。在大环境好时，签几个单容易，但是在遇到经济不景气时，大家都持观望态度，对价格也极为苛刻，想签个单并非易事。虽然前进的道路坎坷，但永远都会有人需要买房，房地产经纪人只要自己进行系统、全面的学习，掌握房地产经纪相关专业的知识和实战技巧，就能"披荆斩棘"赢得高业绩、高收入。

本书就是为此而编写的。考虑到房地产经纪从业人员大多工作繁忙，所以编写以少理论、多实践为主，根据编者多年的二手房销售经验，总结了二手房销售过程中的各种常见问题和困惑，通过96个生动的情景案例，以"错误应对"+"困惑解析"+"正确应对示范"的编写方式，详细阐述了房地产经纪人应对各种销售问题的方法、技巧和话术。本书特别适合刚入职想突破现有业绩，成为销售冠军的房地产经纪人学习使用，相信只要细致地读完本书，一定会受益匪浅。正所谓"心有多大舞台就有多大"，熟练运用这些已经被证实成功的优秀房地产经纪人的工作技能，就会发现成功和财富已经近在咫尺。

参与本书编写的还有范志德、许坤棋、郑蓉贞、魏玉兰、陈梅凤、曾建宇、陈信洪、陈海全、张秀云、洪从凤、杨文良、陈梅兰、陈海洪、王阿星、洪文金、吴阳富、陈银炜、张秀玲、陈建安、阙险峰、王毅毅、陈冬明。由于编者水平有限，书中难免有不足之处，恳请广大读者批评指正。如果本书有幸成为你成功的垫脚石，请将你的成功之道传授他人，让更多同仁变得更加优秀。

目　录

前　言

第一章　寻找房源客源环节的困惑解析 ················· 1

困惑 1　"不用了，我自己卖就可以了" ·················· 1

困惑 2　"我准备独家委托给一位做经纪人的朋友" ·········· 6

困惑 3　"我不想独家委托，多委托几家卖得快" ············ 8

困惑 4　"不行，我家的钥匙怎么可以留给你们" ············ 12

困惑 5　"不用那么麻烦，还要签什么卖房委托书" ·········· 14

困惑 6　"我也有朋友做中介，找他（她）买就好了" ········ 16

困惑 7　"二手房问题多，还是买新房更安全" ·············· 18

困惑 8　还没看房，买家就嫌中介费太高 ··················· 20

困惑 9　业主的报价太高缺少竞争力 ······················· 22

第二章　接待客户环节的困惑解析 ····················· 25

困惑 10　接听业务电话时怎样赢得客户好感 ··············· 25

困惑 11　电话中买家不愿留下联系方式 ··················· 28

困惑 12　买家看了房源广告后来电询问情况 ··············· 30

困惑 13　买家来电询问有没他们想要的房源 ··············· 32

困惑 14　买家来电咨询的那套房源已出售 ················· 34

困惑 15　业主打电话来报房源或询问委托情况 ············· 36

困惑 16　电话中如何邀约买家前来面谈 ··················· 38

困惑 17　买家看了看橱窗广告就准备离开 ················· 42

困惑 18　买家是多人同行，无法周全接待 ················· 43

困惑 19　买家侃侃而谈却只字不提买房事项 ··············· 45

困惑 20　客户表示是替朋友先来了解情况的 ··············· 46

- 困惑21 之前接待买家的经纪人已经离职 …… 49
- 困惑22 买家站在盘源架前——我随便看看 …… 51
- 困惑23 "这套××花园的两居是怎样的?" …… 53
- 困惑24 "你们有××小区的小三居吗?" …… 55

第三章 带客看房环节的困惑解析 …… 60

- 困惑25 这些房源都适合买家,要全部带看吗 …… 60
- 困惑26 带客看房时,如何选择看房路线 …… 62
- 困惑27 对房源不熟悉,带看前要先踩点吗 …… 63
- 困惑28 一次带看多套房源,怎么安排为好 …… 65
- 困惑29 邀约看房时,时间的安排有何讲究 …… 67
- 困惑30 房源怎么包装才能提高"卖相" …… 69
- 困惑31 带客看房时,碰面地点有什么讲究 …… 71
- 困惑32 带客看房时,如何获取买家好感 …… 72
- 困惑33 买家在看房过程中好像有点冷场了 …… 75
- 困惑34 在房源现场不知如何引导买家看房 …… 76
- 困惑35 买家总说我们推介的房源不适合他们 …… 78
- 困惑36 房源很抢手,买家却说周末才有空 …… 81
- 困惑37 要带买家去看房,业主却不愿来开门 …… 83
- 困惑38 要带买家去看房,买家不愿签看房书 …… 85
- 困惑39 买家看了几套房源后就找理由推托看房 …… 87
- 困惑40 买家看了很多房源都感觉不满意 …… 89
- 困惑41 看房时业主与买家间竟然偷偷递纸条 …… 91
- 困惑42 看房时如何避免业主和买家当场谈价格 …… 94
- 困惑43 看房后如何防止买家回头又去找业主 …… 96
- 困惑44 买家对我们的讲解好像没有什么兴趣 …… 98

第四章 房源推介环节的困惑解析 …… 102

- 困惑45 "一般吧,不怎么样" …… 102
- 困惑46 "这位置太偏了,生活不方便" …… 104
- 困惑47 "靠近马路(机场),太吵了" …… 107

困惑48	"这里周边环境太差了"	110
困惑49	"这个小区配套设施太少了"	113
困惑50	"一梯四户？电梯都要等半天"	115
困惑51	"这房子楼层这么高，还没电梯"	117
困惑52	"不喜欢单体楼，没绿化也没配套"	118
困惑53	"社区这么大，太杂了"	121
困惑54	"社区太小了，活动空间都不够"	123
困惑55	"我不喜欢朝北（西）的房子"	125
困惑56	"这个楼层不好，我不喜欢"	129
困惑57	"户型不好，浪费面积（不好装修）"	131
困惑58	"这户型太大了，不经济实用"	133
困惑59	"这户型太小了，不够大气"	136
困惑60	"才一个卫生间？现在不都是双卫吗？"	139
困惑61	"我看过×××花园的房子"	141

第五章　处理价格异议环节的困惑解析　144

困惑62	还没看房，买家就问"有谈价空间吗？"	144
困惑63	一听报价，买家就脱口而出"太贵了"	146
困惑64	"前天看的××花园那套每平方米才×××元"	148
困惑65	"怎么又涨价了，朋友上个月买才31000元"	151
困惑66	"我想再等等看会不会降价，现在国家在调控"	154
困惑67	"告诉过你了，少于360万元就不要来和我谈了"	155
困惑68	谈了好久，买家还是觉得"这个价格太高了"	158
困惑69	买家让你帮忙与业主谈价，却不愿交意向金	160
困惑70	业主开价380万元，买家还价350万元，怎么谈价	163
困惑71	业主太会守价了，如何让其改变想法	166
困惑72	买家太会砍价了，如何应对讲价	168
困惑73	买卖双方差价不大，可是谁也不想让步	171
困惑74	临近成交，业主却突然又要提价	174
困惑75	"你们中介费不打折，那我就不买了"	177

  困惑76 "我是老客户，中介费总得多优惠点" ········· 180
  困惑77 "我是老客户介绍来的，那么中介费应多优惠点" ····· 182
  困惑78 在讨价还价过程中，买家突然不高兴了 ········ 184

第六章 促成交易环节的困惑解析 ················ 188
  困惑79 "我再比较比较看看吧" ··············· 188
  困惑80 "我还要回家和家人再商量商量" ··········· 191
  困惑81 "现在大家都在观望，我先看看再说" ········· 194
  困惑82 "我现在钱还不够，过段时间再说" ·········· 196
  困惑83 "我今天钱没带够，明天再交定金吧" ········· 198
  困惑84 买家明明已经动心却总下不了决心 ·········· 200
  困惑85 买家看了好几套房子不知道如何选择 ········· 203
  困惑86 买家说要来下定金却总找理由推托 ·········· 205
  困惑87 买家携家带口前来看房，大家意见不统一 ······· 207
  困惑88 买家带朋友一起前来洽谈，担心受影响 ········ 210
  困惑89 买家带律师来签合同 ················ 212
  困惑90 买家交了定金后却迟迟不来交首付办过户 ······· 213

第七章 处理客户投诉环节的困惑解析 ·············· 216
  困惑91 买家交了定金后，却要求退定金 ··········· 216
  困惑92 业主抱怨房地产经纪人打电话太频繁 ········· 219
  困惑93 买家投诉说业主想要推迟交房时间 ·········· 221
  困惑94 房价下跌了，买家要求赔偿损失 ··········· 223
  困惑95 客户情绪十分激动，一进门就大声说话 ········ 225
  困惑96 客户投诉房地产某经纪人服务态度差 ········· 227

参考文献 ···························· 230

第一章

寻找房源客源环节的困惑解析

困惑1 "不用了,我自己卖就可以了"

> 错误应对

1. "不通过中介,自己哪里卖得了!"

点评:这样的回答必然会让业主觉得不舒服,甚至会让业主觉得你很无理,没人会愿意和这么无理的人合作。

2. "自己卖?你要怎么去找买家呢?"

点评:意思没有错,但是表达的方式不对,你应该向业主阐述的是房屋代理机构能够为其带来的服务,而不是以反问的形式让业主难堪,引起其不满。要知道,反问句显得生硬,容易让听者有不好的体验,从而产生不愉快。

3. "你们不是专业人士,自己买卖二手房,不怕上当受骗吗?"

点评:这句话有威胁的语气,很容易令业主产生不悦。要知道,业主不愿意委托经纪人的主要原因还是对经纪人的不信任,因此有些业主会直接反驳"你们经纪人更会骗人",继而数落经纪人的不是。

4."二手房交易是一个烦琐的过程,需要许多的证明和手续,如果这些您都准备亲自处理,那么会浪费您许多的时间和精力。"

点评:对于房地产经纪人来说,当然了解二手房交易有多复杂和烦琐,但是对于大多数非专业的业主来说,尽管他们根本不了解后续的工作有多麻烦,但是对于这种直白式的诉求方式,是很难被打动的,甚至会认为房地产经纪人不可靠。

困惑解析

经纪人王芳华在××网看到一则个人出售二手房的信息,而且该房源所在的小区还是区域内的热点,目前自己手头上就有买家在寻找该小区的房源。这种机会哪能放过呢?可是,电话接通了,刚说明来意,业主却给她泼了冷水:"不用了,我不想通过经纪人,我自己卖就可以了……"。

这种情景是不是似曾相识?"巧妇难为无米之炊",对于房地产经纪人而言,房源是非常重要的。纵使手上有买家准备好了现金,若没有合适的房源也是徒劳。为了充实自己手中的房源库,房地产经纪人不能坐等业主自己来委托,而是要通过各种渠道挖掘有卖房需求的业主信息,然后主动去沟通。

业主会表明"我自己卖就可以了"的表达,一般发生在经纪人主动打电话向业主问询房源时。由于房地产经纪人行业的入门门槛相对较低,从业人员的素质也是参差不齐,这就造成了很多业主对经纪人会有些想法。通常情况下,业主想要自卖而不愿委托给经纪人的原因不外乎两个:一是对房产经纪人的不信任;二是想省下经纪人费用。作为一名房地产经纪人所要做的,就是要让业主放下戒备,帮业主摘下对二手房经纪人的有色眼镜,同时让业主认识到委托经纪人卖房的优势。因此,与业主交流时,可以从以下三个方面来说服:

首先,让业主了解公司的资质以及经纪人自己。通过向业主介绍公司的实力与经纪人自己的专业水平,让业主了解公司是合法的房产代理机构,操作规范,能够保证交易的安全性,避免带来一些不必要的麻烦。对于这方面,在沟通时,经纪人最好能够举出一些实例来证明,否则口说无凭,业主是不会轻易相信的。

其次,向业主说明自行成交二手房交易的不利和风险。二手房市场和一手房市场不同,买方和卖方大多数是非专业人士,而二手房交易是一个烦琐的过程,需要办理

第一章　寻找房源客源环节的困惑解析

许多相关手续。若无房产经纪人代理，买卖双方就必须亲自处理这些事务，而这会消耗双方极大的时间和精力，反而会降低交易效率。此外，由于不熟悉相关事务，在交易过程中还很可能一不小心落入一些陷阱。具体而言，二手房自售的缺点可以从以下十个方面来说明：

> ⊙ **自售的缺点**
>
> （1）推广费用高。
> （2）销售渠道与销售手段太少。
> （3）由于不是专业人士，缺少推销方法和产品介绍方法。
> （4）定价策略、议价方法、收定方法不够专业。
> （5）无法过滤买家，工作生活难免受到更多打扰。
> （6）女业主带看（带看指带客户看房）存在危险。
> （7）缺少经纪人这样的第三方，无法主动与买方洽谈。
> （8）由于无法让更多的买家之间知晓，往往出售的价格比较低。
> （9）对于自售房源，买方的顾虑较多，不利成交。
> （10）安全无法保障，容易引起纠纷。

最后，也是最重要的一点，要向业主说明通过经纪人代理卖房能够向其提供的服务，消除业主对经纪人的不信任感。如公司推广渠道多样、客源丰富，能够帮助其更快地卖出房子，还可以用帮助打扫卫生重点推介等服务来吸引业主。此外，也可以向业主解释自己对这个片区的房源较为了解，而且已经代理过不少二手房买卖交易让业主觉得交给经纪人办理是一项明智的选择。

> ⊙ **注意：**
>
> 说服的理由很多，可能经纪人说服的能力也很强，但前提是要让业主给你这个机会。有时候，如果业主对经纪人很反感，可能接起电话一听是经纪人打来的，马上就挂断了电话。在这种情况下，即使你的能力再强，也没有机会去说服业主。
>
> 因此，初次给这类业主打电话时，可以先行了解一下房源的具体情况。在了解之后，再告诉业主自己的工作。

俗话说"买卖不成仁义在",如果谈到最后,业主依旧表示要"自己卖",那么为了给自己创造更多的机会,可以向业主表示,自己在二手房销售方面的专业性,如果其在买卖的过程中碰到问题,可以随时打电话来咨询,自己会为其提供一些专业的意见。这样,业主会对经纪人留下较好的印象,长此以往,也许就可以获得业主的信任甚至是其房屋的代理权。

正确应对示范

经纪人:"张先生,我在××网上看到您有一套××小区的房子要出售,想向您了解一下具体情况,可以吗?"

业　主:"好的。"

经纪人:"请问您的房子多大?在几楼?"

业　主:"98平方米,两室两厅,12楼。"

经纪人:"哦,大两房,这户型挺好的。请问可以看得到××广场吗?"

业　主:"可以。对了,你是不是房地产经纪人?"

经纪人:"张先生,您可真厉害,一下就能听出来。是的,我是××房产的小高。"

业　主:"对不起,我自己卖就可以了,不用找经纪人。"

经纪人:"张先生,是这样的,我家就住在这个小区边上的××花园,对于那个片区非常熟悉,已经卖过十来套那里的房子。而且,我手头上现在就有三位想买你们小区的买家,如果您委托我们销售,相信很快就能帮您卖出去的。"

业　主:"算了,你们经纪人不可靠,听说很多经纪人还吃差价。"

经纪人:"张先生,我想您可能是对我们经纪人有所误解。我不否认有可能存在这种极个别的行为,但我们公司是全国连锁房产代理机构,是不会出现这种情况的。而且,我从事这个行业也有十来年了,相对来说经验还是比较丰富的,上个月你们小区2号楼1306室就是我代理交易的。"

业　主:"哦,是吗?可是我还是觉得不够放心,还是自己卖得了。"

经纪人:"张先生,其实,委托我们经纪人卖房可以为您提供许多专业的服务。

首先,现在二手房买卖实际上都是采取实收的方式,就是您这套房子卖多少钱您就收多少钱,其余诸如中介费、相关税费都由买方支付。

第一章 寻找房源客源环节的困惑解析

第二，即使您说服买家，是因为为其省了中介费用而提高了房价，那也得看买家是怎么认定这个价格高不高的。而对于谈价，相对而言，这方面我们总是更专业些吧……

第三，二手房交易看起来简单，就是一买一卖，可是实际上成交一套房子是需要经过无数次的匹配房源、带看、洽谈等工作，这些工作都是极其耗费精力的。想想，首先自己去找买家，就得花不少时间和费用去做推广，买家有兴趣了会随时要求看房子，而您这时又正在上班怎么办？在深夜时突然有人打电话询问您房子的事情，您是否能及时接到电话……之前我还没做经纪人时，一个老乡也是因为不放心，要自己卖房子，结果，有时一天就会接到几十个电话，来回跑了好几趟，工作和生活全被打乱了，还差点神经衰弱……您说这样值得吗？现在都讲求社会分工，专业的事情交给专业的人去做，您可以问问身边的朋友，现在二手房买卖很多是通过经纪人第三方交易的。

第四，我们是正规的房产公司，在本市有几十家门店，有专业的房地产经纪人，有自己的宣传网络和渠道，这样可以更快地帮您卖出房子，节省您的时间和精力……

最后，二手房交易手续挺烦琐的，涉及交易配对、实地带看、买卖谈判、合同拟定、收款、过户、房屋交接等一系列烦琐的交易细节，远比想象的多。如果不够专业，很可能会出现一些不必要的麻烦。就在前几天有新闻说一位业主自行将房子出售，结果由于对相关法律法规不熟悉，结果出了问题……"

业　主："那好吧，那我什么时候去你们公司看看。"

经纪人："好的。您看，是明天上午还是明天下午？"

业　主："明天上午9点吧。"

经纪人："好的。张先生，明天上午我会专门在公司等候您的，我们公司在××路××号，就是××小学对面。"

业　主："好的。"

经纪人："张先生，为了方便联系，我留个手机号码给您，159……如果您找不到我们公司，您可以给我打电话。"

业　主："好的。"

点评：业主不愿意委托房产经纪人卖房，主要是由于对这个行业的不了解以及由此产生的不信任。作为一名房地产经纪人，首先要以真诚的话语让业主有好感，接下来再帮其分析自售的缺点以及委托经纪人买卖房产所能获得的服务。只有赢得了业主的信任，才有机会使得面谈甚至委托成为可能。

困惑 2 "我准备独家委托给一位做经纪人的朋友"

错误应对

1. "为什么要独家委托呢？多委托几家代理机构，选择余地更大，房子也才能卖得更快。"

点评：虽然说得很实在，但是业主既然有独家委托给朋友的想法，通常情况下他们的朋友肯定已经向其保证过能够尽快帮忙把房子卖出去。所以这样直白的阐述是难以有效吸引业主的，我们应该用一些较为生动的语言告诉业主多委托几家代理机构的优势。

2. "您知道吗？独家委托都是有一个代理期限的，在这个期限内，不管您的房子是不是通过他们卖出去的，您都需要支付代理费用。"

点评：首先，作为一名房地产经纪人，必须诚实面对业主，而不能为了获取房源委托去欺瞒业主。业主在准备独家委托时，通常已经由其做中介的朋友详细介绍过情况了，如果你的说法与其了解的情况不相符，那么业主将对你的诚信产生怀疑。此外，即使业主还尚未详细了解这个情况，他们也不会因此就答应你的代理请求，而是会立刻向其朋友咨询具体事宜。

3. "不会吧，您要独家委托？要知道，独家委托很容易引起纠纷的，可以上网查一下，很多专家都提醒过民众要防止被独家代理。"

点评：这样的阐述有挑拨离间的意味。即便确实有此类事件的发生，但是如果业主很信任其朋友，那么就会对你的这一行为产生反感。若是业主反问"你们公司难道就没有独家委托吗？"，反而就会把自己陷于尴尬的境地。

困惑解析

有时候，好不容易获得的房源，却被业主告知说他们想独家委托给其他代理机构，而不愿委托给你。这时该如何说服业主将房源委托给你呢？

业内有句话："好房源是成功的一半"。房源就是房地产经纪人的基本，要尽可能地争取到每一个房源，尤其是优质的房源。因此，当业主表示要独家委托给朋友时，经纪人不能轻易放弃，因为通过介绍多家委托的优势，很多业主为了能尽快卖出房子，通常也是乐意同时多委托几家房产代理机构的。为了让业主充分了解这一点，可以从以下的角度说服业主：

（1）告诉业主多委托一家代理机构就多了一条推广渠道，客源就更多，房子卖得也更快。

（2）当业主犹豫不决时，可以告诉他们，如将其房子作为重点房源做广告，进行重点推介等。

（3）可以从独家代理的角度向业主说明独家委托并非想象中那么完美。如在独家委托的方式下，若卖方自行买卖成交，仍然是需要向代理方支付相应的佣金，而即使代理方不能按期卖出房屋也不需要承担任何责任；在代理销售期间，业主只能降低房价而不能抬高房价。记住在介绍独家代理时，语气要诚恳，不要让业主引起不必要的误会。

同时需要注意的是，经纪人绝对不能为了获取业主的房源委托而做出招致业主反感的行为。要知道，业主不愿将房源委托给自己，甚至想独家委托给某代理机构，很可能是因为业主更信任其他经纪人，如该代理人是业主的朋友等。此时，正确的做法是通过推介自己公司的实力及信誉来争取业主的信任，最好能举出一些已经成交的同类房源的案例。

正确应对示范

经纪人："高小姐，您有套××湾的房子要出售，是吗？"

业　主："是，怎么了？"

经纪人："是这样的，高小姐，我刚好有两个买家想要购买××湾的房子，您看什么时候方便，我带买家去看房？"

业　主："不用了，我想独家委托给××房产。"

经纪人："哦，是吗？××房产也是家挺有实力的代理机构。高小姐，您为什么独家委托给他们呢？"

业　主："我有一个朋友在那里。"

经纪人："那也是，这种事情交给朋友办的确会比较放心。高小姐，您说您想将房子尽快卖出去？"

业　主："是呀。"

经纪人："那我建议您多找些买家，买家越多，卖得就越快，您说是吧？"

业　主："是，没错。"

经纪人："嗯，那您可以试试多找几家代理机构挂盘。这样买家就多了，就容易卖出去了。"

业　主："说得倒也是。可是我担心代理机构多会很麻烦，担心经常会被打扰。"

经纪人："高小姐，我不否认有些经纪人可能因为经验欠缺、缺乏考虑而经常给业主打电话。但是您放心，我们是全国连锁的大型房产代理机构，有一套完善的管理体系，是不会随便打扰业主的。而且我们门店在这个片区已经扎根好几年了，这个片区好多业主都是通过我们买到房子的。"

业　主："那也是。那好吧，你们也帮忙多找找买家。"

经纪人："好的，高小姐，谢谢您的信任，我们一定会将您这套房子作为主推房源的。您的房子户型结构好，装修又不错，只要价格合适，一定卖得很快的……"

点评：遇到打算独家委托给自己经纪人朋友的业主，我们更不能将自己的代理请求强加于人。作为房地产经纪人，要善于引导，要帮业主比较两种代理方式的不同，引导他们自己做出更恰当的决定。

困惑 3　"我不想独家委托，多委托几家卖得快"

错误应对

1. "如果您独家委托我们销售，我们会免费多给您刊登广告……"

点评：能多刊登广告虽然确实是一项代理服务，但却并不是自己公司所独有的，对业主来说并没有很大的吸引力。

第一章 寻找房源客源环节的困惑解析

2. "如果您独家委托给我们，我们可以免费帮您打扫卫生。"

点评：如果业主还住在要出售的房子里，那么这个对业主来说也没有太大的吸引力；如果那套房子是空着的，这样的表达也比较苍白，难免会碰到有业主会认为打扫卫生是买家的事，和自己没有什么关系。

3. "我们公司门店多，您独家委托给我们，我们会帮您大力推广，肯定能卖个合适的价钱。"

点评：和第一种情况一样，这项服务是绝大多数中介都能够提供的，业主进而会认为多报几家中介，宣传网点更多，房子卖得更快。

4. "您委托那么多家中介，肯定经常会被电话咨询。您独家委托给我们销售，就可以省去很多麻烦。"

点评：用避免打扰这个好处吸引业主，是个好办法，但是并不足以让其决定独家委托。你还应该结合独家委托能够给业主带来的特殊服务，才可能说服业主独家委托给你。

困惑解析

好房源就好比二手房经纪人的生命线。在二手房交易火爆时，好房源可是"香饽饽"，一有动静大家都会拼了命地去争取。如果能争取到好房源的独家委托，那么达成交易就指日可待了。

在房产代理行业，房地产经纪人接受业主委托通常分为一般委托和独家委托两种方式。所谓"独家委托"，是指一种建立在委托人与受托人之间的限制性的契约关系，在契约中委托人指定受托人为其独一无二的代理人。简单来说，独家委托就是业主只委托一家房产代理机构出售或出租其房源，在委托期限内，委托方不得将其委托的房源自行或委托给第三方进行出售或出租，否则将依法承担违约责任，并支付违约金。而"一般委托"，委托方则可将其房源自行或委托给第三方进行出售或出租，业主及接受委托的代理机构都有权力出售或出租该房源。

而在发达国家成熟的房地产市场较多采用独家委托的方式。其实，独家委托的方式会更加专业化：

（1）所委托的房产可以获得房产代理机构更大的推介力度。由于独家委托可以让房产代理机构获取更为稳定的利益，房产代理公司自然会加大推广力度，在多种渠道上做广告，进行有针对性的宣传，并向重点买家推介，以便用最短的时间把房子卖掉。

（2）更能激励房地产经纪人自动自发地保护业主的利益。因为对于独家委托的方式，房地产经纪人更容易成功签单。这会增强房地产经纪人的动力和信心，促使其更用心地向业主推荐买家，从而更好地维护业主的利益。此外，由于是独家委托，房地产经纪人不用担心其他代理机构抢买家，就会更有信心维护业主的价格。如果不是独家委托，房地产经纪人可能会因为担心别人抢买家而在价格上比较犹豫，这样也会损失业主的利益。

（3）可以避免由于房产代理机构同行之间的恶意竞争而给业主的利益带来伤害的情况。在互联网技术飞速发展的今天，信息更加公开，买家在买房时都会浏览各大房产网站比对信息。有些房产代理机构为了能吸引买家的关注，会以较低的报价来吸引买家。此外，有的买家在看中了房子准备购买时，可能会打电话咨询其他房产代理机构的价格。这时其他房产代理机构可能会在没有带看过这套房子，或者根本没有这套房源的情况下，又为了拉拢买家，可能会报一个较低的价格，造成买家的退缩，这就很可能对业主的利益造成伤害。而独家委托就可以避免这样的情况发生。

（4）可以让业主在买卖过程中处于较为主动的状态。业主将房源在多家房产代理机构挂牌出售，会给买家一种急于出售的感觉，那么买家很可能就会抓住业主的这个心理，在议价的过程中杀价太多；而房产经纪人为了能尽快达成交易，也可能会杀价形成恶意竞争，无视业主的利益。而对于独家委托方式，就不会存在恶意竞争的情况，房产经纪人就会尽可能地按业主的条件去说服买家，从而让业主在买卖过程中处于较为主动的状态。

（5）可以让业主更省力省心，避免过多中介不必要的打扰。在多家房产代理机构挂牌，业主可能会每天不定的时间、地点接到各房产经纪人的问询电话，好多问题又都是重复的，打扰到业主的日常工作和生活，时间长了，好多业主都不胜其烦。而独家委托的方式就可以帮业主规避许多不必要的麻烦，由于有专业的房地产经纪人为业主处理这些烦琐的事，业主只需把价格、付款时间、付款条件列出来就可以了，其他的事都可以交给独家委托的房地产经纪人处理。

这里还需要注意，在说服业主采用独家委托的方式时，可以采用提问式的方式，

第一章　寻找房源客源环节的困惑解析

先明确其希望获得的效果，再仔细阐述为何独家委托能为其达到这些效果。这样，业主就能较为真切地感受到独家委托带来的好处，一切便可水到渠成。

有一点需要特别注意，那就是在业主同意将房源独家委托时，一定要记得让业主签订独家委托书，这样对双方的权利和义务才有约束和保障。

正确应对示范

经纪人："马先生，您好，我是××中介的小陈。听说您那边有套美丽家园的三居室要出售是吗？"

业　主："是，我这几天都接到好多房产代理机构打来的电话了，你们烦不烦呐？"

经纪人："马先生，您工作这么忙，一定不愿意被过多地打扰吧？"

业　主："那当然，除非买家确实有意向，否则你们不要随时给我打电话，烦都烦死了。"

经纪人："我明白了，马先生，我们一定会尽量少打电话给您。我们公司非常尊重客户，不会随便给客户打电话的。"

业　主："哦，房产经纪人真是不胜其烦，我很不喜欢他们的工作方式。"

经纪人："马先生，那您看这样好吗？您将这套房子独家委托给我们，我们由专人负责来卖您这套房子，这样您就可以避免被过多的打扰了。而且，对于独家委托的房源，我们会投入更多的精力来让您的房子卖得更快，也以一个更合适的价格达成交易。"

业　主："你给我讲讲独家委托的细节吧。"

点评：业主都希望在不被打扰的情况下以一个合理的价格尽快把房卖出去，我们只要把独家委托能带给业主的好处说清楚，通常就可以打动业主。

委托多家房产代理机构，最常碰到的麻烦就是会经常接到房产代理人的电话。如果我们可以向业主保证可以做到尽量不打扰业主，那么业主就更愿意将其房源独家代理给自己。

困惑4 "不行,我家的钥匙怎么可以留给你们"

错误应对

1. 既然业主不愿意留钥匙,那就算了,不留就不留。

点评:这是消极应对的表现,这样的工作态度并不可取。

2. "如果您不愿留钥匙,那看房可能会经常打扰到您。"

点评:这可能有威胁的意味,这并不能增加业主对房产经纪人的信任感。

3. 一次不行就两次,两次不行就三次,多提几次说不定业主就同意了。

点评:业主不愿意留钥匙就说明他们有顾虑,如果你一而再再而三地让他们留钥匙,其心里的顾虑就更大了,这时不单是留不留钥匙的问题了,甚至会是取消你的代理资格。

困惑解析

"你们拿钥匙干什么呢?有买家要看房你给我打电话就可以了。我一般都在家,我家就住在××小区。"当向业主提出留把钥匙时,难免会得到这样的回答。

在业内,房产经纪人将业主留了钥匙的房源称为"钥匙盘"。对于房产代理人而言,钥匙盘越多,越有利于成交。

一是"钥匙盘"更容易预约看房。尤其是当业主不是住在要出售房源附近的情况下,如果没有房源钥匙,经纪人就难以安排双方的看房时间,从而失去很多的销售机会。

二是"钥匙盘"可以有利于同时邀约多位买家一起看房,这有利于交易的尽快达成。

三是"钥匙盘"可以让我们更好地把握住买家。当买家对经纪人推介的房源感兴趣时,经纪人可以立即带看,这样就可以离开买家门店的机会,进而降低销售难度。

当然了,对于"钥匙盘"的优势,经纪人也应该一一告知业主。

第一章 寻找房源客源环节的困惑解析

一是可以更快地将房子卖出去。根据销售经验，通常"钥匙盘"会卖得更快。因为"钥匙盘"使预约买家看房变得方便，不会浪费买家太多等待的时间。

二是可以大大节省业主的时间。由于业主留下了钥匙，经纪人根据买家的时间就可以安排看房，这样业主就不用在每次有买家看房时都得赶过来。

三是可以更好地监管房源的卫生情况。对于"钥匙盘"，房产中介都会定期进行保洁维护。

在顺利获取房源钥匙后，经纪人应向业主表示如果其他房产代理机构要带买家看房时，只要到我们公司来借用就可以了。最后，我们也应该向业主表示，在带买家看房之前，都会详细登记钥匙借出的时间，带看的是哪位房地产经纪人，以及归还的时间等，这样有利于增强业主对经纪人的信任。

当然，也肯定会碰到始终不愿意留钥匙的业主，此时，操之过急只会招致业主的厌烦。对此，经纪人可以改变策略，在带买家看房的过程中，再利用现场的情况，来说服业主留钥匙。

正确应对示范

经纪人："刘姐，请问您这房子是空房吗？"

业　主："是的，是空房。怎么啦？"

经纪人："是这样的，刘姐，既然是空房，我建议您留一把钥匙放在我们这里。这样可以更加方便带买家看房。"

业　主："那不行，我家的钥匙怎么可以给你们呢？"

经纪人："刘姐，您的担心我能理解，很多业主在刚一听到要放钥匙在我们这时都有点担心，不过其中有很多业主后来在听了我们的解释之后就同意将钥匙留在我们这边了。您看，我们这上面的钥匙箱里就有几十把钥匙。其中有好几套都是刚装修的，还带全套电器和家具呢。"

业　主："算了，我还是不放心。"

经纪人："刘姐，我们是正规公司，在本市有十几家门店呢。否则，就不会有那么多业主愿意将钥匙放在我们这里了。而且，我们会给您开单据，单据上盖有公司的章。这样您就放心了。"

业　　主："你们拿钥匙干什么呢？有买家要看房你给我打电话就可以了。我一般都在家，我家就住在××小区。"

经纪人："我想，刘姐，您肯定也想让房子尽快卖出去吧？"

业　　主："那当然了，我们还等着用钱的。"

经纪人："这就是了。虽然说，您都有空，但是您也知道，要想让房子尽快卖出去，就要多带买家看房。买家那么多，但并不像上班那样有个固定的时间段来看房，有时晚上八九点还有人看房呢。如果每次买家要看房，您都要亲自跑一趟，那就太累了。而如果您没空，买家没能看到房子肯定就不敢买的。您看，你们小区××号楼××室那套，由于业主经常不在家，看房非常不方便，一个多月了还没卖出去。如果您把钥匙放在我们这里，有带看需要我们就可以随时带买家上去看房，那样就方便多了，也不用动不动打扰您，等有买家有意向时，我们再打电话通知您，到时您只要过来签一下合同就行了。看房的买家多了，房子也就卖得快了。"

业　　主："说得也是。那你们可得给我好好保管好钥匙，房子要照看好。"

经纪人："刘姐，您放心，我们钥匙都有专人保管的，每次看房拿钥匙都要签字。而且，您也知道，空房子没人住很容易积灰，您把钥匙放在我们这里我们就可以定期给房子打扫卫生。"

业　　主："那好吧。你们开张单据吧。"

点评：业主不愿意留钥匙，更多的是因为担心，同时也不清楚留钥匙的优势。我们要做的就是通过专业的解释和服务，让业主放心，让业主知晓留钥匙的优势，这样业主才能将心中的顾虑抛开。

困惑5　"不用那么麻烦，还要签什么卖房委托书"

错误应对

1. "您签了委托书，我们才会把买家带过去看房。"

点评：希望以这种威胁的口吻让业主签署委托书，其实并不能消除业主的疑虑，反而可能会让业主产生反感,不再将房源委托给你。

2. "委托书是为了防止您私下和买家进行交易。"

点评:这样的回答是在明确地告诉业主,这份委托书就是约束你的,这是对业主明显的不信任,只会让业主感觉很不舒服。

3. "签个委托书对您来说并没有损失,为什么不签呢?"

点评:这种反问的语气只会让业主认为你是在觉得他们无理取闹、不配合,这种语气非常不可取。

困惑解析

"委托书?你先带有诚意的买家过来再说吧""你有买家就带过来,不用签什么委托书"。在要求业主签订委托书时,可能经常会碰到业主这样的回答。

作为房地产经纪人,当遇到这种情况时,弄清楚业主内心真实的担忧就显得至关重要了。业主拒绝签委托书,一般会有两种原因:

一是为了和有购买意向的买家直接签约。

二是怕受到不必要的约束。

业主不愿意签委托书,多是由于其对委托书的作用、约束力等不够了解,怕承担不必要的责任,受到不必要的约束。因此,要以一种婉转的、业主可以接受的语气,向其做出阐述,并且一定要强调,签委托书是对各方,尤其是对业主权益的最好保护。这样,业主心头的疑虑坚冰才会逐渐消融。

首先,经纪人要向业主解释委托书的作用,让业主明白它是公司用来规范房地产经纪人的服务的,同时最大限度地保障他们的利益。

其次,经纪人要向业主阐述委托书对于销售的作用,如只要签了委托书就可以立即带买家看房,没有业主委托书是不能刊登公告,且没有书面文件在议价时买家会以为是经纪人在还价而不是业主在还价等。

最后,经纪人可以再次强调签委托书对其并无不利,以此增强业主的信心。

正确应对示范

经纪人:"孙小姐,这是一份房产出售委托书,请您签一下字。"

业　主："不会吧，还要签什么委托书？"

经纪人："孙小姐，不要担心，这委托书只是明确我们是接受了您委托，来帮您寻找买家促成交易的。"

业　主："算了，我不想这么麻烦。"

经纪人："孙小姐，签订委托书其实更多的是保护您的权益，它是公司用来规范我们经纪人的服务的。它的作用有点像您在商场购物，购买商品后销售人员应该给您的发票一样，万一有什么问题您可以凭发票更换，或者接受免费的售后服务等。"（解释委托书的意思）

业　主："没关系，我相信你，你有买家就直接带过来好了。"

经纪人："是这样的，为了保障广大消费者的权益，法律规定没有业主的委托书我们中介是不能刊登、发布房源广告的。这样一来，您的房子没有推广渠道，就很少有买家能看到，卖得慢不说，价钱也没办法提高。您可不希望这样对吧？"（表明委托书的作用）

业　主："哦，是这样。"

经纪人："是的，孙小姐。而且只有您签了委托书，我们才能带买家过去看房。现在买家的法律意识非常强，如果没有书面的文件，买家会认为我们在欺骗他们呢。毕竟买房不是买件衣服，所有的条件都需要逐一落实到书面的。这同时也是为了保障您的利益。"（对委托书的作用进行补充）

业　主："哦。那好吧。我得先看看委托书的条款。"

困惑6　"我也有朋友做中介，找他（她）买就好了"

错误应对

1．"多一个人帮您找房子，多一些选择，不是更好吗？"

点评：这个优势买家自然也明白，不过单凭这点理由还是不够的，毕竟"朋友"感觉更加可靠些。

第一章 寻找房源客源环节的困惑解析

2."找朋友买房子，很多时候价格会不太方便谈。"

点评：这样回答，就等于告诉买家找自己买房价格会更好谈。那一旦买家真的找你买房了，就很容易出现你不能达到他们期望值的情况。

3."朋友介绍的房源并不一定就适合您。我这里有很多优质房源，说不定就有最适合您的。"

点评：这样回答，容易让买家觉得"你在故意贬低他们的朋友，认为他们的朋友没有好房源，只有你这才有好房源"，这样更会招致买家的反感。

困惑解析

房地产经纪人应该如何告诉买家对于专业的事情应该找专业的团队来处理呢？

首先，要站在买家的角度思考问题，对他们的想法表示理解——"我明白您的想法，买房子找朋友确实比较放心"。

然后，经纪人可以客观地向买家分析找朋友买房容易存在的问题，如会不好意思一直跟朋友议价，不好意思让朋友一直同业主谈价，从而忽视了一些细节问题等。也可通过列举一些相关的事例让买家参考。

最后，可以向买家表示多委托几家房产代理机构对他们并没有任何损失，反而能获得更多优势，如有更多的优质房源供其选择，在房子的各方面条件上都有一个对比，这样才能买到一套更合适的房子。

正确应对示范

经纪人："杨哥，我完全明白您的想法，熟人好办事嘛。但是不知道您有没有这样的顾虑，买房实在是一笔很大的交易，其中牵涉到很多手续和金钱问题，有时您并不好和朋友争论或者过多的要求什么。"

买家沉默。

经纪人："其实，如今大家买房都是委托给好几家房产代理机构，这样一来，不但可供选择的房源更多，价格也有得比较。您委托我们代理和委托朋友买房之间并不会冲突，现在都讲究公平竞争嘛。如果您在我们这儿买到最合适的房子，相信您朋友也会替您高兴的。"

买　家："你说得也对,有时候朋友间谈价格什么的还真不好说。那好吧,你也帮我找找房子……"

点评：遇到打算找经纪人朋友买房的买家,不必过于着急,应把这其中可能存在的问题讲述清楚,买家会据此做出最适合自己的选择。

困惑7 "二手房问题多,还是买新房更安全"

错误应对

1. "您放心,我们是正规的大公司,肯定不会有什么问题的。"

点评：当买家对房产代理行业已经抱有成见时,这种简单的保证是难以消除买家的疑虑。

2. "不会的,这只是一些人的偏见而已,现在二手房交易太习以为常了……"

点评：二手房交易确实习以为常,但这样的回答并不能消除买家心中的疑虑。

3. 以"事实胜于雄辩"的说法来劝买家合作过后就知道二手房交易并没有什么问题。

点评：这种徒劳的保证并不能真正解决在二手房交易过程中会遇到的问题。

困惑解析

"听说二手房问题很多,我看我还是再考虑一下,暂时还是不麻烦你们了。"如果是你遇到这种情况,你会怎么做呢？

曾经看到过一段很有意思的文字：突然,一个人跑了起来,也许是他猛然想起了与佳人的约会,继而就在大街上跑了起来,向东跑去。一个报童看见了,也就跟着跑了起来。第三个人,一个有急事的胖绅士,也小跑了起来……十分钟之内,这条大街上几乎所有的人都跑了起来。嘈杂的声音逐渐清晰了,依稀能听见"大堤"这个词。

第一章 寻找房源客源环节的困惑解析

"决堤了！"这充满恐惧的声音，可能是电车上一位老妇人喊的，或许是一个交警说的，也可能是一个男孩子说的。没有人知道是谁说的，也没有人知道真正发生了什么事，但是整条街的人都突然奔跑了起来。

这段十分传神地描绘了人们的从众心理。不可否认在行业形成的早期有的房地产代理机构确实因为缺乏经验而操作不规范，给当时的客户留下了不好的印象，甚至是负面的社会影响，但是随着行业的逐渐成熟这样的情况基本不存在了。那么，经纪人该如何修正这种偏见呢？

在向买家讲述时，可以先用"我理解您的想法（顾虑）"，对买家的想法表示理解，然后列举一些自己经手的二手房交易案例来打消其疑虑。

正确应对示范

买　　家："我一直听说二手房问题很多，我看我还是再考虑一下，暂时还是不麻烦你们了。"

经纪人："杨姐，我理解您的顾虑。您刚才进门时看到的那位穿灰色西装的先生，他是来签合同的，最初他的想法和您一样，也是担心二手房买卖问题多，没有选择房产代理机构，而是自己与业主直接对接。在与业主沟通的过程中，发现自己其实还需要许多信息的核实，而这些在我们的销售平台上都有。最后，经朋友介绍，找到我们，一个月内就把房子定下来了。他一直感慨，当初就应该把这些事让房产代理机构来做，虽然是需要花些手续费但省了很多事。"

买　　家："我也知道会省事，不过，听说价格……"

经纪人："杨姐，这个您就更可以放心了。房子的价格是由业主定的，我们经纪人只是一个桥梁，是为你们买卖双方提供服务，牵线搭桥。当然了，作为经纪人，我们要兼顾到双方利益，不会只顾及某一方利益的。而且，到时候签合同，是业主同您以及我们经纪人三方一起坐下来签的，您和业主面对面接触，这里面还有什么问题呢？"

买家的沉默不语说明她已经被说服。

经纪人："杨姐，您要是没有其他疑虑，我们现在就签委托书吧。"

点评：不管买家受到的二手房问题多的偏见的影响有多大，作为房地产经纪人所要做的就是引导，可以借其他买家的亲身经历引导其认识到房地产经纪人存在的意义和价值。

困惑8　还没看房，买家就嫌中介费太高

错误应对

1. "没关系，中介费到时可以给您打点折。"

点评：在没有进入成交谈判之前就讲这样的话是非常危险的，买家会觉得中介费讲价的空间很大。

2. "可能有些小的房产代理机构的中介费比较便宜，但是他们的房源和服务都没有保证。"

点评：贬低别人的做法永远也抬高不了自己，而且更难赢得买家的好感，更不具有说服力。

3. "您没有购买经验，自己买房很容易被骗的，要比支付中介费更不划算。"

点评："没有经验""容易被骗"等很容易伤害到买家的自尊心。时刻记住：你不顾及买家的感受，买家就不会委托你买房子。

困惑解析

房价高，对于经纪人而言是好事也是坏事。好的方面，自然是房子的总价越高，能拿到的中介费用就越高，毕竟中介费一般都是按总房价的比例来收取的；而不好的方面，则是很多买家会因为高涨的中介费而却步，甚至还没看房就觉得中介费高而放弃委托。

对于那些还没看房就觉得中介费太高的买家，该如何说服他们呢？其实，当他们抱怨"你们的中介费太高了"，并以此来拒绝委托请求时，从严格意义上来说并不算是一种拒绝，而是一种积极的信号，说明他们已经接受了除中介费这个因素之外的其

第一章 寻找房源客源环节的困惑解析

他各个方面。

当买家提出疑虑或者异议时,经纪人首先需要了解清楚他们的真实想法。只有清楚了其真实想法,才能做到"兵来将挡,水来土掩"。

(1) 如果买家只是单纯地认为中介费用过高。我们首先要肯定对方的感受,充分理解买家的这个想法。然后,再将其关注的中介费问题引导到其他同样重要的因素上来,如优质的房源、专业的保障、高质量的售后服务等,让买家认为这个花费是值当的。

(2) 如果买家是因为其他房产代理机构开出的佣金较低,希望通过此抱怨来压低价格的情况。对于这种情况,经纪人要确定买家是否确实是通过与其他代理公司比较之后才提出中介费太高的问题,并具体询问买家是与哪家代理公司比较后才觉得价格高的。

正确应对示范

买　家:"3%?你们的中介费也太高了吧!"

经纪人:"张姐,我理解您的感受,一些买家刚开始也和您的反应一样。但是经过我们分析之后,他们发现这个钱是值得花的,最后也都委托我们买房了。"

买　家:"哦,那你分析分析。"

经纪人:"张姐,其实买房找中介就和买保险找保险经纪人的道理是一样的,因为我们对市场行情和房价更为了解,二手房交易是个复杂的流程,不熟悉的人操作起来十分麻烦。我们不仅能提供一系列的咨询服务,还能提供包括估价、贷款、产权过户、合同等的一条龙服务,让您省下更多的时间和精力,避免您多付冤枉钱。"

买　家:"听说××房产才收2%的中介费呢。"

经纪人:"嗯,您说的没错,有些中介公司的中介费确实较低。张姐,您去过他们门店吗,是否清楚他们的实力?"(先别着急进行反驳,引导买家说出对手的更多信息。)

买　家:"嗯,去过,门店不大。"

经纪人:"张姐,是这样的,有些中介公司为了招揽客源,的确在中介费方面给予了很大优惠。其实我也知道,您在乎的不是这个钱,而是希望钱花得有价值,能找到一套合心意的房子,您说是吧?我们是本市十大房产代理机构之一,门店分布范围广,房源丰富,服务质量更有保障。我的一位买家就跟我说过,他之前找的那家中介公司,虽然中介费收得很便宜,但是房源太少,一个多月了也没带看几套房源,而且对交易手续的办理不够专业,他担心出问题,所以后来找到了我们,很快就买到了自己称心的房子。"

买　家:"听你这么一说,好像有点道理。"

经纪人:"如果您没有其他问题的话,我们现在就签委托协议吧?"

买　家:"好的。"

点评:不管买家的抱怨出于何种原因,为了得到买家的认同,我们都必须用自己的专业服务让其感受到中介费"物有所值"甚至"物超所值"。在这个阶段,请务必记住,不能在买家有购买意向甚至是看房之前就主动表示可以减少中介费,否则会让自己过早地陷入关于中介费价格谈判的局面,继而处于被动地位。

困惑9　业主的报价太高缺少竞争力

错误应对

1. 业主报多少就多少,那是他(她)的权力,我们不干涉。

点评:没错,房子要卖多少钱,是由业主自己决定的,房地产经纪人无权干涉。但是,如果业主报价太高没有竞争力或者超出市场价太多,房子就不好卖了。作为经纪人,我们是有义务为业主当好参谋,向业主提出有关价格的合理建议。

2. "您报价这么高,肯定是不好卖的。"

点评:这种回答太过于直接,会让业主听了心生不快,从而对你心生不满,不愿再将房子委托给你卖。

3. 引导业主报个低价,以更快卖出房子。

点评:业主在卖房子前,往往也会先了解一下目前大概的市场行情。如果你引导业主报个低价,他们肯定会心生不满,甚至觉得你是不是想要吃差价。一旦业主有了

第一章 寻找房源客源环节的困惑解析

这种想法，那么他们很可能会放弃和你的合作。

困惑解析

一般来说，二手房的价格主要受同片区同类房产成交价格的影响，也就是说每个片区都有个行情价或者市场价。当然，不同楼层、朝向、户型结构、面积以及装修情况都会影响到价格，总体来说，高楼层的比低楼层的价格高，朝南比朝北价格高，朝东比朝西价格高，紧凑户型比大户型价格高（如80平方米左右的小两居、110平方米左右的小三居通常更为畅销，价格也会略高些）。

在指导业主报价时，经纪人应向业主说明该区域的一个大体成交价格，以及目前挂牌出售的其他房源报价。此时，最好举几个具体的案例，以此让业主有一个基本的认识。在这个大框架之下，再对业主所提供房源的各项素质，如户型、楼层、装修等进行分析，让业主清楚了解自己房子的情况，知道自己的房子在哪些方面有优势，哪些方面又是容易被买家挑剔的，从而接受经纪人给出的较为合理的报价建议。当然，如果业主不接受建议，也不要勉强，因为房子是业主的，经纪人是无权要求业主一定得报什么价格的。

正确应对示范

经纪人："刘总，您这套房子报价多少呢？"

业　主："386万元。"

经纪人："嗯，总价386万元，那就是单价46000多了。"

业　主："差不多。"

经纪人："刘总，我个人认为这个价格可能有点偏高，缺少些竞争力。"

业　主："怎么会呢？你们经纪人怎么喜欢压价。"

经纪人："刘总，您别急，我能理解您的想法，我们也希望您能卖高一点的价格，这样我们的佣金也可以多收一些，您说是吧？不过，您也知道，现在的房价都很透明，不是由您或我能决定的，而是由市场决定的。就我掌握的信息而言，最近，这个小区的房子成交价多在43000元以内，前几天A栋603的那套刚卖掉，成交价是

42500 元；而上个月和你同一栋的 505 室的成交价只有 42000 元。"

业　主："那不一样，我这套装修要比他们好太多了。"

经纪人："是的，您这套房子的装修确实不错。一套房子能卖多少钱，除了装修外，还和楼层、朝向、户型结构有关系。您这套是二楼，楼层可不占优势。"

业　主："那你觉得多少钱合适？"

经纪人："刘总，您看这样可以吗？我们先按每平方米 43500 元报价。如果买家满意确实有意向了，我们再来谈具体的价格。"

业　主："那也可以。"

点评：业主肯定是希望自己的房子能卖个好价格，对此经纪人必须予以理解。在指导业主报价时，近期同片区的成交价是很有参考价值的，它是指导业主报价的外部影响因素。在此基础上，再对房子各方面进行综合评估，这样综合考虑之后就是该房源的合理报价。很多时候，决定综合分数高低的恰恰是房子的不足之处，这其实就是所谓的"短板效应"。

第二章

接待客户环节的困惑解析

困惑 10　接听业务电话时怎样赢得客户好感

> 错误应对

1. 电话铃声一响就马上接听，或者铃声响了很久才接听。

点评：电话一响就接听有时会引起通信系统的失误而无法通话，即便能够顺利接通，也容易使对方误认为你不够专业；电话响了三、四次以上还未接听，则会令客户觉得没有得到应有的尊重或者并不被你重视。

2. 接听时没有注意电话礼仪，语气、用词等太过随意。

点评：太过随意地接听业务电话会使对方觉得你不够稳重，进而不放心把自己购买或售卖不动产的权利委托给你。

3. 一边走路一边气喘吁吁地接听客户电话。

点评：边走边听电话，会使自己的气息受到严重的影响，客户虽然跟你有空间的距离，但你呼哧带喘的说话声非常容易令客户觉得有失尊重。

困惑解析

电话是我们房地产经纪人的一项重要工具。很多时候，电话一响，就意味机会。一个有良好工作状态的优秀经纪人，每时每刻都是处于积极主动的状态，总是会在电话铃响起之时，尽快集中自己的精力，暂时放下手头正在做的事情，以便大脑能够清晰地处理电话带来的信息或业务。

然而，接电话看似容易，但却很重要，很多房地产经纪人就因为不懂得如何正确接听业务电话，而失去了许多机会。

那么，作为房地产经纪人，该注意哪些接听电话的基本礼仪呢？

（1）及时接听。接电话的时机选择最好是在电话铃响到第三声时接起来。

由于业务繁忙，很多房地产经纪人都有两部电话（包括固定电话和手机）。如果由于某些原因导致未能及时接听电话，就要对客户表示歉意，请求对方谅解。

（2）规范接听电话的语言，问好并自报家门。若房地产经纪人拿起电话张口就问："喂，找谁，干吗……"这是很不礼貌的，客户很有可能会就此挂断电话。即使没有挂断电话，他们也会因为这种不良的态度而留下不好的印象。

正确的做法，应该是主动问好并自报家门"您好，××房产，请问有什么需要帮忙的？"，自报家门一是礼貌，二来可以增加客户的亲切感，还能向客户表达"自己就代表公司"的专业意识。这也是能够体现出一个规范企业的形象所在。

有的经纪人在接电话前会先看一眼来电显示，若是私人电话就比较随意，若是业务电话就会比较严肃。但其实，"一视同仁"的态度才是接电话最好的处理方式。

1）若是朋友打来的，这种严谨、认真的工作态度也会赢得对方的好感，以后对方在有买房卖房需求时才更敢托付给你；再者，这番态度，其实也是在向对方表明现在是工作时间接听私人电话并不方便。

2）接听电话时，可能会有其他同事和客户在场，如果我们过于随意，也会给他们留下不好的印象。

（3）文明礼貌，维护形象。与客户面对面接触时，很多房地产经纪人都力求给客户一个好的印象。但在用电话沟通时，一些房地产经纪人就容易忽视了这些礼仪。事实上，虽然客户看不到本人，但却能通过语音语调等感受到经纪人是否在认真聆听他

第二章 接待客户环节的困惑解析

们的咨询,是否在热情地为其服务。

1)文明用语。在入职前最好系统地学习这些文明用语和待人礼仪,毕竟,每位客户都希望能得到最好的服务。

在接听客户电话时,经纪人一定要礼貌有佳,注意电话的规范用语,多使用文明用语,如"请""您好""谢谢""很抱歉,让您久等了"等。

2)仔细聆听。在客户说话时,经纪人应仔细聆听,不要随意打断对方的讲话。为了表示聆听并已理解,要不时用"对"或"是"给予对方回应。

在接电话时,若有同事或者现场的客户向我们搭话,可做手势让他们稍等,在挂断电话后再与其交谈,绝对不允许在接听客户电话时,与其他人搭话;如万不得已,应向对方说明后用手捂住电话,以免引起误会。

如果对方声音太小,经纪人可以直接说:"对不起,请您声音大一点好吗?我听不太清楚您的讲话",绝不能大声喊:"喂喂,大声点"。

3)声音愉悦。接听电话时,经纪人必须声调柔和,语音亲切,吐字清晰,语速适中,话语简洁。即使我们此时此刻的心情并非如此,也不能表现出自己的不专业。相反,我们还应该向电话另一端的客户传递我们的喜悦之情。因为,客户找我们是寻求帮助和服务的,是对我们工作能力的信任。

除了声音要愉悦,面部表情也要"晴朗",应时刻带着微笑以展现自己的专业性。

4)及时回拨。虽然现在的通信已经足够发达,但在通话过程中出现一些意外情况还是难以避免的,如手机突然没电、电话线路出现问题等。

如果在接听电话的过程中信号突然中断,无论什么原因,经纪人都要以最快的速度将电话拨通,并向客户道歉:"对不起,刚才可能是线路问题导致电话中断,咱们接着谈,可以吗?"要注意不要因为短暂的电话中断而影响客户的情绪,因而,此时向客户说声"对不起"是很有必要的。

5)姿态端正。当我们大清早给朋友打电话时,如果朋友尚未起床,只是躺在床上接听电话,我们是不是总能一下子就听出来?这是因为,接电话的姿势会影响到声音。如果我们打电话时姿势不够端正,客户听到的声音就是懒散的、无精打采的;反之,如果我们的姿势是端正的,那么所发出来的声音必定会是亲切悦耳、充满活力的。

> 正确应对示范

电话铃响到第三声。

经纪人:"您好,××房产!"

对方声音太小。

经纪人:"对不起,请您声音大一点好吗?我听不太清楚您的讲话。"

电话突然中断回拨时。

经纪人:"对不起,刚才可能是线路问题导致电话中断,咱们接着谈,可以吗?"

点评:不管是什么原因造成的电话中断,经纪人都要及时回拨,否则会让客户感受不到应有的尊重。

困惑 11　电话中买家不愿留下联系方式

> 错误应对

1. 算了,买家不想说就不强求了。

点评:只有获得了买家的电话号码才能保持与买家的联系,如果没有买家的联系方式,你要怎么和买家联系,怎么邀约其看房呢?

2. 对买家说公司规定需要留下个人信息,让其留下电话号码。

点评:这种强加于人的做法会让买家脑海里蹦出"霸王条款"四个字,就更不愿意留下电话号码了。

3. 告诉买家如果留下电话号码,有合适房源才好通知他们。

点评:这种应对可能会有一定的效果,但也反映了自己的房源不多的情况。

> 困惑解析

虽然说现在的电话都有来电显示功能,但有些买家出于不愿被打扰等原因可能会

第二章 接待客户环节的困惑解析

屏蔽自己的电话号码。对于这种情况,当我们想要在电话沟通中获取买家电话号码时,应如何做会更妥当呢?

在与买家交谈中,如果能够获得这些我们需要的信息,才能更好地进行市场分析和买家追踪。这些信息主要是:买家姓名、联系方式等个人背景情况的信息以及买家能够接受的价格、面积、格局等对产品具体要求的信息等。其中,买家的姓名和联系方式是最为重要的。只要多获得一个买家的资料,我们就多了一次成功的机会。所以,当有新的买家来电时,我们要尽量获得买家的联系方式。

如何才能合理地获取这些信息呢?最好的方式是要对买家进行引导,由被动接听转为主动介绍、主动询问。

当我们报上自己的姓名后,应稍作停顿,等待对方进行自我介绍;但这个停顿不能太久,客户想说会很快说出来的,不想说的话,我们可以稍加询问:"请问您贵姓?"或"请问我能知道您的贵姓吗?"如果其真的是对我们的房源有兴趣的潜在买家,会很快告诉我们的。

让客户留下电话号码的方法

技巧一:及时反馈最新信息。

"您是否方便留下个电话号码,业主确定价格后,我会第一时间通知您的!"

"您先留个电话,如果有适合您的房子,我好第一时间通知您!"

技巧二:有时正在门店接待客户,就需要先留下打电话来的客户的联系方式,稍后回拨过去(适用于那些暂时不方便前来看房,又急需了解情况的客户)。

"对不起,现在我这里有客户要接待,方便的话,您可以留下电话,五分钟后我打给您解答您的问题!"

技巧三:有时因为某个问题不清楚,要查询或要询问经理、业主,就需要客户先留下电话再联系。

"对不起,这方面我不是很清楚,我需要询问一下我们经理。请您留下电话号码,问清楚后我会告诉您的。"

"对不起,今天我们这边人太多了,我听不清楚。方便的话,您可以留下电话,等会儿我打给您!"

> 技巧四：若对方不愿留下电话，应尽量邀请其到公司面谈，可能的话，留下自己的联系方式。
>
> "那好的，您最好能来我们这边看看，我们将给您更为详细的介绍。"
>
> "要不这样吧，我留个电话给您，如果您有什么需要，可以随时给我电话。"

正确应对示范

经纪人："您好，××房产！"

买　家："你好，请问你们是不是有套××中心的房子要卖？"

经纪人："是的，先生，请问您贵姓？我姓李，您就叫我小李好了。"

买　家："我姓刘。那套房子的情况你能详细和我介绍一下吗？"

经纪人："可以的，刘先生。只是我现在刚好有个客户在这边谈事情，方便的话，您可以留下电话，五分钟后我打给您详细介绍一下。请问您的电话号码是？"

买　家："159……"

点评：电话号码属于个人私密信息，作为房地产经纪人，向买家询问电话号码时一定要注意方式方法，以免引发其不满或者不安情绪。

困惑 12　买家看了房源广告后来电询问情况

错误应对

1. 买家问什么答什么。

点评：这样"知无不言，言无不尽"的应对缺乏主动性，买家很可能在获得了自己需要的信息之后，就结束交谈并挂断电话。

2. 把房源所有情况都详细向买家说明。

点评：你手头的房源可能并不止这一套，但是可能因为你事无巨细的介绍使得买

第二章 接待客户环节的困惑解析

家对这套房源有了全面地了解后发现并不适合自己,从而使得邀约面谈以及推介其他房源的机会都化为泡影。

3. 没有及时邀约买家前来公司进一步面谈。

点评：房地产经纪人的工作不是电话销售,而是通过认真接听每一位买家的电话,最终引发买家的兴趣,让买家觉得有当面洽谈的必要,让其前来公司洽谈。

困惑解析

如果买家是看了我们所刊登的房源广告而打来的电话,通常表示他们对这套房源已经有了初步意向,想通过电话了解一些具体情况。此时,我们应给予针对性的答复,尽量吸引买家前来洽谈或实地看房,而不能一问三不知。

事实上,在刊登房源信息时,我们就要先详细了解该房源情况,知道房源的优势或者卖点所在,并事先设想好买家可能会咨询的问题,针对这些问题准备好应对语。只有这样,我们才能在接听买家咨询电话时做到"胸有成竹心不慌"。

通常情况下,买家在电话中会问及地段、价格、户型等方面的问题。在回答买家的咨询时,我们应房源的卖点告知买家,以吸引买家前来洽谈或者实地看房。

如若房源所处的地段不是很优越,买家通常的第一反应就是"太远了,太偏了";但如果我们能带有补充性地告诉买家说："距离市政府只有五分钟车程"或"虽然距离远点,但交通还是挺方便的,58路、201路、302路、76路等十几条公交线路都经过这里",买家对该地段的认识就会更为深刻。此外,对于一些较为偏远的地区,我们还可以以"高教区""升值潜力"等隐含的优势条件来让买家有更全面的认识。

回答价格问题时也是如此,我们应当向买家提供有关房源更多的资料,以让其有更能权衡价格的高低。

正确应对示范

买家看了房源广告后来电咨询房源情况。

经纪人："您好,××房产,请问有什么可以帮到您?"

买　家："您好,我看到广告说你们在××小区有一套三房的房源。"

经纪人："是的，我姓陈，您就叫我小陈好了，请问先生贵姓？"

买　家："免贵姓张，请问具体位置在哪里？"

经纪人："就在市政府边上，距离500米左右吧。"

买　家："哦，房子怎么样？"

经纪人："房子坐北朝南，今年刚装修的，小区环境也不错。如果您有兴趣，我带您去看看吧。"

买　家："好的。"

点评：房地产经纪人不同于电话销售，接打买家电话的主要目的是获取买家的相关信息，引发其兴趣及关注，适时地约买家面谈或实地看房。

困惑13　买家来电询问有没他们想要的房源

错误应对

1."有的，××园有一套三房的，××小区也有一套……"

点评：这样的介绍根本吸引不了买家的关注，买家只有产生兴趣了才可能前来和你洽谈或提议看房。

2."哦，没有，最近这个片区都没有小三居的房源。"

点评：如此直白地告诉买家说没有他们想要的房源，只能说是你自己放弃了一个获取新买家的好机会。

3."好吧，如果有需要再给我打电话。"

点评：买家都没有兴趣，还会主动给你打电话吗？

困惑解析

如果买家尚未有有意向的房源，只是来电话咨询是否有其所需要的房源，我们首先要获取买家的姓名、地址、联系方式等个人情况的信息以便之后有合适的房源可以

第二章　接待客户环节的困惑解析

及时联系，其次若买家愿意还能获取其所能够接受的户型、价格、面积、地段等其他对房源具体要求的信息以便为其更精准地匹配房源。

电话回答客户问题的要领

（1）应学会引导客户。最佳的方法就是当客户提出问题时，不要急于回答，而要婉转地发问，然后等其回答完你所提出的问题后，再回答他们的问题，但要把握分寸，不要咄咄逼人。

（2）不要在电话中将房源的所有情况都一一介绍给客户。

（3）回答客户问题时，要深入浅出，把专业性的东西转化为通俗易懂的话，不能为了展示自己的专业性而说一些他们不懂的专业术语。一切的回答是为了让客户明白，以留下深刻印象。

（4）回答客户的问题切忌长篇大论和含糊不清。尽量根据客户想要了解什么，再简明扼要地进行解释说明。

（5）如果客户对房源的一些条件不满意，不要轻易放弃，而应通过更全面的房源情况来引起客户兴趣。

正确应对示范

买家尚未有有意向房源。

经纪人："您好，××房产，请问有什么可以帮到您？"

买　家："您好，请问你们那有××小学附近的房源吗？"

经纪人："有的有的。我姓李，您叫我小李就好了，请问先生贵姓？"

买　家："免贵姓王。"

经纪人："王先生，您好，请问您是想买还是想租呢？"

买　家："我想买。"

经纪人："请问您想买几室几厅，面积多大？"

买　家："两房就可以了，面积90平方米左右吧。"

经纪人："哦，那您对楼层和装修有什么具体要求吗？"

买　家："最好是中间楼层吧，装修倒不重要，关键看房子格局好不好。"

经纪人："好的,王先生,我帮您查询一下,等会儿给您电话。请问您的电话是?"

买　家："159……"

经纪人："好的,我记下了,五分钟后给您电话。再见!"

点评:作为房地产经纪人,当买家来电咨询时要学会变被动接听为主动问询及引导,只有这样才能最大限度地了解买家的真实需求,为下一步的约谈做好准备。

困惑14　买家来电咨询的那套房源已出售

错误应对

1."哦,不好意思,那套房子已经卖出去了。"

点评:这么直接回答买家说已经卖出去了,却没有去做任何的争取,这样能有好业绩吗?要知道,买家并不一定是非要买那套房子不可,你应该了解一下其需求,这样才有机会争取到这个买家。

2."其实那套房子一般,我这有更好的房源可以推介给您。"

点评:买家既然会来电询问那套房源,说明其对那套房源是有兴趣的。而你却对其关注的房源评价一般,并强势地推出其他房源,这很容易引起买家的不满。

困惑解析

好房子不等人,买家来电咨询的那套房源已经卖出去的情况实在正常。在房地产火爆时,买家都在抢房,一些好房源甚至是刚挂出来就被秒抢。而且,很多买家都不会只在一家中介挂牌销售,而是委托多家中介同时卖房。

对于这种情况,我们千万不要因为那套房源已经卖了就主动放弃买家,而是应该把握住这个买家。要知道,买家会主动打电话来咨询具体某套房源,说明其购买欲望是比较强烈的。我们应该及时向买家推介其他房源,让买家知道我们这还有其他与该

第二章　接待客户环节的困惑解析

房源条件类似的甚至是更好的房子，这样买家就会有了兴趣。

对待买家，我们要学会积极主动，多用积极、主动的话，少用消极、被动的话。我们对待工作的态度，最终都会反映在我们的业绩上。要积极主动地推动工作，而非消极地等待领导的指示。主动是为了给自己增加锻炼自己的机会，增加实现自己价值的机会。社会、企业只能给我们提供道具，而舞台需要自己搭建，演出需要自己排练，能演出什么精彩的节目，有什么样的收视率决定权在你自己。

机会总是青睐于那些有准备的人，主动积极的人往往比别人发现的机会要多，因而成功的概率也要比别人高。平庸的人只会静静地等待机遇降临，而智慧的人则主动地寻找机遇和创造机遇。

正确应对示范

买　　家："你好，小陈吗？我在网上看到你们有一套××园的房子在卖，是吗？"

经纪人："先生，请问您贵姓？"

买　　家："我姓杨。"

经纪人："杨先生，您好！很抱歉，××园这套房子已经卖出去了，这套房子实在太抢手了，它的性价比实在太高，刚挂出来的第一天就有十来个买家看房。"

买　　家："哦，这么快就卖出去了。"

经纪人："杨先生，看来您也喜欢××园这个小区？"

买　　家："嗯，我主要是想买一套可以读外国语小学的房子。"

经纪人："杨先生，您真是个好父亲！现在要读个好学校确实不容易，买我们这个片区的客户绝大多数都是冲着外国语小学去的。杨先生，我这里还有两套房源，都是空户，绝对可以上外国语小学的。其中一套是85平方米的小三居，楼层很好，条件比××园那套还好，之前业主也是自住的，现在因为孩子上了一中要换房。我们这有钥匙，您看上午还是下午来看看房子？"

买　　家："那就等会去看看吧，我刚好在这附近。"

经纪人："好的，我们店在……我就在店里等您。"

点评：当买家来电询问的房源已经出售时，经纪人一定不要轻易放弃该买家，而应该及时向买家推介类似的房源。

困惑 15　业主打电话来报房源或询问委托情况

错误应对

1. "您给我具体介绍一下房子情况，我登记一下。"

点评：这种应答太过冷淡。业主打电话来登记房源，是对我们工作能力的信任，不能以这种态度来对待信任我们的客户。

2. "哎，你们的报价太高了，真的很不好卖。"

点评：即使是真的，也不能如此回答业主。话说得太直截了当，容易让业主误以为你根本不把这单生意放在心上。

3. "我们已经带了很多买家去看过房子，因为您那房子条件太一般，他们都没什么兴趣。除非价格再低点，否则您这房子真的很难卖。"

点评：如此直白的表述，业主会认为你是在借机杀价。你觉得难卖，业主说不定就会转而委托其他中介，也未可知。

困惑解析

很多房地产经纪人都说"好房源，是成功的一半"，这话一点也不假。面对理性的购房者，房源的各方面硬件和业主的挂价心态决定了最后是否能够成交。因此，如何锁定更多的优质房源，就成为了我们房地产经纪人必备的功课。

卖方客户来电，不外乎两种情况：一是委托我们中介帮忙出售或出租房源；二是询问委托的具体情况，或者想了解买方客户的反应。

当业主报房源时，我们应详细登记房源的各项情况（包括小区名称、房源门牌号、户型、格局、建筑面积、所在楼层、装修、朝向、建成年代等），并约好实地看房的时间。这里需要注意，对于业主委托的房源信息，我们一定要在带买家上门看房前先行查看过。

第二章　接待客户环节的困惑解析

既然业主相信我们委托我们帮其卖房子,我们就应该定期向业主汇报看房情况。如果对业主爱答不理,业主是不会愿意把生意交给我们的。当业主主动询问委托情况时,我们应该向其详细反馈买方客户的看法或意见,并承诺自己一定会尽力帮助其推介房源,给业主增加信心。

正确应对示范1

业主报房源。

经纪人:"您好,××房产,请问有什么可以帮到您?"

业　主:"我在××小区有一套房子要卖。"

经纪人:"请稍等,我帮您登记一下。我姓陈,您就叫我小陈好了,请问先生贵姓?"

业　主:"免贵姓李。"

经纪人:"李先生,请问您的房子在哪里?"

业　主:"……"

经纪人:"谢谢您的支持和信任。您看什么时候方便,我们去看一下房子?"

点评:业主报备房源时,经纪人一定要让其明白自己对该房源的重视。登记房源信息时,一定要认真仔细,同时,及时地约实地看房,也会让业主体会到你的专业和用心。

正确应对示范2

业主询问委托情况。

经纪人:"您好,××房产,请问有什么可以帮到您?"

业　主:"是小陈吧?我是×××,请问我委托你们出售的房子到现在怎么还没消息?"

经纪人:"张先生,您好!您出差回来了?我给您查一下看过您房子的买家记录单吧。是这样的,上周我们总共带了五批买家看过您的房子,他们的普遍意见是价格太高,这点我也和您太太反映过。"

业　　主："这个价格还高？人家××小区都卖到×××元了。"

经纪人："是的。但是，地段不同，价格肯定也是不同的。您周边的××小区不也才卖×××元吗？"

业　　主："那你觉得多少钱比较合适？"

经纪人："我当然也想帮您把房子卖个好价钱了，这样我们的佣金也可以多拿一点，您说对吗？但是，价格应该符合市场行情，否则买家就会觉得太贵不划算。您觉得呢？"

业　　主："那好吧，我们商量一下，然后给你回复。"

经纪人："好的，我也会再好好帮您推介推介这套房子。"

点评：业主询问委托情况时，经纪人一定要详细汇报带看情况，如本案例中的"买家记录单"，做到对该业主房产的看房情况了然于心，这样的查询也更容易让业主体会到你工作的规范，从而对你的反馈更加信任。

困惑16　电话中如何邀约买家前来面谈

错误应对

1. "您有什么需要了解的，不如到我们门店来详谈吧！"

点评：这样的邀请有失唐突。买家之所以会先打电话，就是想先了解了解情况，有兴趣了才会来和你面谈。

2. "电话里也说不清楚，要不您来我店里，我再给您详细介绍吧。"

点评：面对面的沟通确实比电话沟通更容易说得清楚，但是，如果买家一问情况，房地产经纪人就如此回答的话，买家心里肯定会犯嘀咕：为什么电话里什么都不肯讲，难道有什么问题不成？

3. "这样吧，您看看什么时候有空到我们店里来，我详细给您做个介绍。"

点评："什么时候有空"是一个不确定的时间，并不有利于接下来工作的开展。

第二章　接待客户环节的困惑解析

困惑解析

我们都应该明白，在电话中是不可能把单子签下来的，接听电话的主要目的是让买家前来洽谈或者实地看房。在回答买家问题，并得到想要的信息之后，我们应该邀请买家前来洽谈，如果买家有有意向的房源，可以直接约到实地看房。只有争取到面谈的机会，接听电话这一环节才算成功。

（1）何时邀约。

1）买家有有意向的房源。当我们回答了买家关于其意向房源的三至五个问题，买家还有其他问题想要了解时，可以真诚地邀请买家前来详谈，"王小姐，房子好不好还是要到现场看了之后才知道，您看什么时候方便，我带您去看看？"

2）买家尚未有有意向房源。当我们为买家找到几套符合要求的房源时，很多买家会着急地想了解房源的具体情况，此时，我们就可以邀请买家前来详谈："王小姐，很多细节问题电话里说得不清楚，您可以抽空到我们公司坐坐，我再向您详细解说。"

在约请买家前来面谈时，必须清楚地告知买家门店的详细地址，最好能说出具体的交通路线，让买家容易找到位置。并且告诉他们，我们将专程等候。

（2）如何邀约。与买家约定看房时间时，可以用选择式的方法提问（给其限定），这样更能取得对方的认可。

> 提问式：
> "陈先生，您看什么时候到我们这来谈谈？"
> "看看吧，有空我就去。"
> 选择式：
> "陈先生，您是今天过来还是明天过来？"
> "明天吧。"
> "好的，我会专程等候的。"

（3）注意事项。在挂电话之前，我们要尽可能报出自己的姓名，有可能的话也可以给买家留下自己的手机号码，告诉买家可以在下班时间随时咨询，并再次表达希望买家前来洽谈的愿望:"要不这样吧,我留个电话给您,如果您有什么需要,可以随时给我打电话。"

需要注意的一点是,要等对方先放下电话,我们自己再轻轻放下电话,绝对不可以莽撞地挂断电话,更不可以重重地扣上电话机。

正确应对示范1

买家有意向房源。

经纪人:"您好!"

买　家:"小张吗?我在报纸上看到你们那里有一套××花园二期的三居,是吗?"

经纪人:"是的。请问您贵姓?"

买　家:"我姓陈。"

经纪人:"陈先生,您好!这套房子格局非常不错,房间和客厅都很大,还带两个阳台。"

买　家:"哦。它能读××小学吗?"

经纪人:"可以的,陈先生。您小孩现在几岁?"

买　家:"6岁,下半年就准备上一年级了。"

经纪人:"嗯,陈先生,那这套房子真的很适合您。您也知道,现在的家长都想让孩子上个好学校,所以这片区的房子非常抢手。"

买　家:"哦,价格能不能再少点呢?"

经纪人:"陈先生,在这片区,这套房子的价格已经算是比较实惠了。我想,您还是先看看房子,关键是要您喜欢,您说是吧?您看是上午看房方便还是下午呢?"

买　家:"下午3点吧。"

经纪人:"好的。陈先生,那我下午3点准时在公司等您。我们公司就在××南路761号,也就是××小学的正对面。这个是我的电话号码,您过来时可以给我先打个电话。"

买　家:"好的。"

点评:优秀的房地产经纪人总是对买家的需求有着敏锐的嗅觉,会通过与买家的

第二章　接待客户环节的困惑解析

交谈提炼出买家的关注点所在。只有明确判断出买家的关注点，才能更好地满足买家需求，邀请其实地看房。

正确应对示范2

买家没有意向房源。

经纪人："您好，××房产小王为您服务！"

买　家："请问你们那边有××花园两居的房源吗？"

经纪人："有的。先生，请问您贵姓？"

买　家："我姓陈。"

经纪人："陈先生，您好！请问您是想要买套两居的，是吗？"

买　家："是的。"

经纪人："那您对房子有什么要求吗？"

买　家："面积不要太大，90平方米左右就可以了。"

经纪人："那楼层呢？"

买　家："底层和顶层不要。"

经纪人："好的，陈先生。您看这样好吗，我现在就帮您查询一下，看看哪套最适合您。那您什么时候看房方便呢？"

买　家："下午3点后吧。"

经纪人："好的。陈先生，那我先帮您查找一下房源，然后再给您电话。请问您的电话号码是？"

买　家："就打我这个手机吧。"

经纪人："好的。陈先生，那我过半个小时给您打电话，可以吧？"

买　家："可以。"

点评：在了解了买家的购房需求后，可以告诉买家自己会在查询更多合适的房源后再与他们联系。这样一来可以让买家感受到你对他们的重视，二来也与买家建立了联系，并为之后的邀约面谈打下了基础。

困惑 17　买家看了看橱窗广告就准备离开

错误应对

1. "请慢走。""欢迎下次再来。"

点评：买家都送上门了，你却轻易地将他们放走。这种消极不作为的处理态度是不会有好业绩的。

2. "别着急走，我再给您介绍介绍？""您刚刚看的那几套都很好啊。"

点评：这样空洞、直白的语言，对买家而言完全没有吸引力，也无法得知买家离开的真正原因。

3. 小声嘀咕、抱怨。

点评：一旦让买家听到这些带有不满情绪的话，不但会令买家对你做出负面评价，还会影响到公司的声誉和形象。

困惑解析

房价居高不下，房产中介鳞次栉比，买家在一家中介店面看完房源信息后直接离开的情况并不少见。买家之所以离开，大多有两种情况：一是因为并没有找到自己感兴趣的房产信息；二是纯粹就是来四处逛逛，了解一下房市行情。

不论是基于何种情况，我们都要尽可能地抓住这个机会，及时主动地挽留下买家，诚恳地询问买家的真正需求，或许就能够给买家一个驻留的理由。只要我们对买家有充分的真诚和尊重，相信买家也不会拒人于千里之外。而利用这争取来的时间，我们就有可能判定出买家的真正需求是什么，从而制定出进一步的服务计划。

正确应对示范1

经纪人："这位先生，是不是没有看到适合您的房子？是这样的，我们有一些房源还没来得及登出来，您不妨把您的要求告诉我，我可以先帮您匹配一下，这样可以节省您宝贵的时间，也更容易找到您满意的房子。您先里边请，我们坐着聊。"

买　家："好吧。"

点评：买家多驻留一分钟，你就多了一分钟的时间去定位买家的需求，去匹配、推介自己手中的房源，也才能够向委托交易迈进一步。

正确应对示范2

经纪人："小姐，不好意思，可以占用您一些时间吗？您刚刚关注的那几套房子都很不错，不知是什么地方让您不满意呢？"

买　家："感觉这些房子都有点旧……"

点评：买家什么都没说就离去的原因可能有很多，消极地任由其离开，只会真正流失了买家，而如果能诚恳地挽留买家匆匆离去的脚步，则有可能把一个有意见的买家变成一个可以给你建议的朋友。

正确应对示范3

经纪人："先生，今天天气热，您进里边来喝杯茶休息一下吧。我见您刚才看了盘源架上的几套优质盘，需要我为您详细介绍介绍吗？或者您有什么不了解的也可以直接问我。"

买　家："有××名都的吗……"

点评：房地产经纪人所要面对的买家也是各有性格。对于可能不爱言辞的买家，经纪人不能选择与其一同沉默，而是要选择适当的时机，以买家可以接受的方式，向其做出推介。

困惑18　买家是多人同行，无法周全接待

错误应对

1. 只专注接待目标买家一人，让随行人自便。

点评：接待买家的过程中，当你是一对多时，你一定要清楚地意识到谁都不可以

怠慢。

2. 尽力招呼每一个人，却没办法好好与买家深入地交谈。

点评：招呼周到，初衷是好的，但是却很难做到。经纪人一对多时，一定要在重点照顾目标买家的同时，周全其他随行人，而不可疲于应付，否则只会让买家对你的办事能力产生怀疑。

困惑解析

虽然当前你的买家只有一位，但无论其他同行人中哪位被冷落，都会或多或少地引起不满，这就很有可能影响到买家的购买意愿。而且，这些人中有可能存在一些潜在的买家，我们此时的表现如何，很有可能影响他们今后在房产交易时是否选择找我们的决定。

能够做到周全照顾固然好，但前提是必须权衡轻重，保证能够正常地为当前买家服务，毕竟，这个当前买家才是我们目前的工作重心。对于其他同行人，我们只能尽量做到不要冷落任何一人。本次买家的满意程度，也会影响到买家周围大部分人对我们的看法。

正确应对示范

经纪人："各位先这边稍坐，我们公司为大家准备了一些小茶点，大家可以品尝一下。这边的还有我们公司的宣传资料和一些房地产相关的杂志，您如果感兴趣可以翻阅一下。"

然后单独与买家开始交谈，期间可以招呼下其他人，留心注意周围人的情况，及时为他们添加茶水、询问是否需要其他服务等。如果公司内还有其他的同事在场，也可请其他同事代为招待随行人员，为他们看茶倒水，与他们寒暄几句。

点评：买家随行人的言语甚至感受，都会对买家本人造成不可小觑的影响。所以，在锁定了目标买家之后，一定要周全接待其随行人。随行人对你的印象、评价好，也会为你加分，你跟买家的沟通也才会更顺畅。

困惑 19　买家侃侃而谈却只字不提买房事项

错误应对

1.（直接打断买家的话）"先生，我们还是来谈谈这几套房子吧……"

点评：这种直接打断买家谈话的做法是十分不妥的，不仅会影响到买家继续交谈的热情，还会伤害买家的自尊心，让买家觉得你不尊重他们，从而心生不满。

2. 不耐烦，心不在焉或左顾右盼，或者干脆开始和其他人聊天。

点评：这种做法也是不尊重客户的表现。换位思考下，如果是你正满怀激情地谈论一些话题，对方却根本没在听你说话甚至还表现出不耐烦，你会高兴吗？

3. 没事，先让买家侃侃而谈一番，等买家说完再开始说正题。

点评：这种沟通方式会容易让买家聊到后面发现自己对房源还是没什么了解，也就失去了兴趣。

困惑解析

在实际工作中，我们经常会遇到一些侃侃而谈型的买家，他们喜欢与人打交道，为人十分健谈，表现欲通常也很强，只要遇到感兴趣的话题或者聊得来的对象，就会海阔天空说个不停。最终有关购房的话题就太小，原因可能有两个：

一是，买家可能对正在谈论的话题太感兴趣以至谈得太过投入，自己都忘了原来的谈话目的。

二是，买家是想掌握谈判的主导权。

对于第一种情况，我们应学会把握谈话的时间，最好将其控制在十分钟以内。之后，我们可以利用买家停顿、休息、喝水的间隙，适时及时地岔开交谈内容，将话题重点转移到购房上。

对于第二种情况，我们要在让对方感到满足、获得尊重的同时，及时地控制交谈时间和谈话内容，掌握主动权，再根据情况决定是重回正题还是结束对话。

正确应对示范1

经纪人:"高级知识分子就是高级知识分子,见识果然不一般,同您说上几句真是获益良多。您看,我听得太入迷,都忘了说房子的事了,您觉得刚才看的那套房子怎么样?……"(切入正题)

点评:同样的内容,不同的表达方式,结果就会截然不同,所以我们要学会用令人愉悦的方式来与买家交流沟通。

正确应对示范2

经纪人:"杨总,您果真是学识渊博,跟您聊聊天我学到不少东西。差点都把房子的事给忘了,刚才我们谈到……"(切入正题)

点评:俗话说"酒逢知己千杯少,话不投机半句多"。作为房地产经纪人,我们一定要对房地产政策甚至各类新闻都有所涉猎,只有这样,才能在与买家的交流中有谈资。但是,节奏一定要把握好,不能只为聊天而聊天。

正确应对示范3

经纪人:"刘姐,您还是那么幽默风趣,跟您聊天,时间总过得那么快。待会公司还有个会议,我先准备准备了。希望下一次还能有机会和您聊。"(结束谈话)

点评:在与客户的沟通中,我们要学会把握节奏,适时婉转地喊停,这样才不会浪费过多的时间更高效地完成工作。

困惑20 客户表示是替朋友先来了解情况的

错误应对

1."先生,那您朋友是想要什么样的房子呢……"(只顾着再三追问买房人的想

第二章　接待客户环节的困惑解析

法，却不在意眼前客户本身的看法）

点评：当前客户的意见或者建议将对买房人的意向有着举足轻重的影响。如果你完全忽视当前客户的想法，很容易引发其不满的情绪，有可能就不会向买房人提供有利于你的信息。

2."那您看有什么问题需要问我的吗？"（因为对方不是真正的买房人就冷淡对待）

点评：这种做法是对客户的怠慢和不尊重，容易引起客户情绪上的不满。既然买房人会拜托客户前来了解情况，说明就现阶段而言，你完全可以把该客户当作买房人。如果你无法获得这位客户的认同，也就不可能有机会接触到真正的买房人。

困惑解析

对于大部分人来说，买卖房产交易都是件大事，无论买或卖都需要谨小慎微。任何消费行为都不是可以立刻做出决定的，都会经历一个漫长的过程，需要去搜集、了解各方各面的相关信息，去咨询许多人的意见，如家人、朋友，尤其是当中一些对房地产知识稍有了解或者曾经有过买卖房产经验的人，其中任何一个人的观点都有可能影响客户的决定。因此，即使来者并非真正的房产买卖者，我们也应该以认真的态度对待，做好第一步。

买房人委托当前的客户来看房，说明就目前而言，我们完全可以把两者看作一个统一体，当前的客户就是买房人的代言人。因为只有当前客户满意了，买房人才有可能将你和你的房源转而向他们的朋友介绍。接待此类客户时，我们需要注意以下三点：

（1）不能冷淡。千万不能因为当前客户不是真正的买房人而冷淡对待。我们要注意自己说话的语气、态度，要让客户感觉到自己是被尊重的、受到关注的。

（2）学会赞美客户。对客户进行适时、适当的夸赞，让对方更主动地参与到对话中，鼓励并推动对方表达出自己观点和意见，以此可以了解到一些关于买房者的情况，并从中获取有效信息，如面积、需求、购买预算等。

（3）发出邀约。在沟通形势良好或接近尾声时，要记得请客户下次带买房人一同前来，以做进一步了解。谈到最后一定不要忘记请客户留下他们的联系方式，否则，我们的这次推介就只会是客户所做的多个市场调研之一，而我们则未获得任何有用的客户信息。

正确应对示范1

客　户："我一个老家的朋友想在××这片区买一套三居的房子，你们有没有这方面的房源？"

经纪人："这么热的天，您还特地帮朋友跑一趟，你俩感情可真不错。请先进来喝杯茶休息下吧，顺便让我给您好好介绍下。"

……

经纪人："您看了这些房子的介绍感觉怎么样呢？"

客　户："不错是不错，就是都稍微小了些，不够宽敞。"

经纪人："哦，那您觉得多大面积适合您朋友呢？"

客　户："他们家三代同堂，还需要多一些房间，另外老人家年纪大了，腿脚不方便，楼层最好不要太高了。"

……

客　户："那好吧，我还有事，就先回去了。"

经纪人："好的，那您能不能留下您或您朋友的联系方式呢？一旦我们有适合的房源信息可以第一时间通知你们。"

客　户："那我留张名片吧。"

点评：买房人委托当前的客户来看房，就说明当前的客户就是实际买房人的代言人。所以，我们千万不能因为当前客户不是真正的买房人而冷淡对待，而是应将其当作真正的购房客户认真对待。交谈的最后要记得让客户留下他们的联系方式。

正确应对示范2

客　户："我一个朋友想在××这边买房子，你们这上面所说的这套三居是怎样的情况？"

经纪人："先生，您朋友能委托您帮忙看房，我猜您对房产有一定的了解，说不定还是位专业人士。"

客　户："呵呵，谈不上，我是做房地产策划的，对房产还是有一定的了解。"

经纪人："还真让我猜对了，您的朋友要买房卖房的应该都会找您帮忙吧。请问您的朋友有什么具体的要求吗？如朝向、小区配套设施、周边环境……"

客　户："最好是南北朝向，小区最好要有专门的物业管理，我朋友经常要出差，家里没人怪不安全的……"

……

客　户："这样吧，这两套房子，你都帮我约一下业主，看他们周末有没有空，我带我朋友来看房。"

经纪人："行，没问题。跟您聊天，我还能学到不少房产方面的知识。您下次陪这位朋友来看房时，可要多指教指教。这是我的名片，您就叫我小李好了，您或者您朋友有什么要求随时可以给我打电话。"

客　户："好，这是我的名片。"

点评：委托朋友帮忙看房，买房人一定是对这位被委托人有充分信任的。了解到这一点，我们可对当前的客户适当赞美，这样会为自己加分不少，也让之间的交流变得更为顺畅。

困惑 21　之前接待买家的经纪人已经离职

错误应对

1. "不好意思，他（她）临时有事不在店里。"

点评：不管买家的前任经纪人是因何原因离职的，这种明显欺瞒买家的回答都是不可取的，买家只要打个电话就会知道真相，最后只会让你自己给买家落得不真诚、不可靠的印象。

2. "小张，他（她）上个月私自接单，被公司开除了。"

点评：如果买家对该经纪人的印象不错，那么这种回答就非常容易引起买家的反感。

困惑解析

我们房地产经纪人经手的房产动辄数百万，所以，要成为一名优秀的经纪人，必须具备诚实的美好品德。

当来访买家要找的经纪人已经离职时，我们应该对买家如实相告，表明情况，无论前任是出于何种原因离职，都没有欺瞒买家的必要。买家之所以会再次找之前的经纪人，说明其对这位经纪人还是抱有好感的，并且比较信任。如果我们用词稍有不当，就会给人感觉有背后诋毁之嫌，极有可能招致买家的反感，并对我们的品格方面持怀疑态度，适得其反。为了接近买家，这时我们反而有必要适当地对前任房地产经纪人的工作表示肯定，以获得买家的同感和共识。

既然买家之前已经来过公司，必然已经对公司有一定的了解，目标也相对明确。接待这样的买家，我们一定要注意信息的快速获取，可以引导性地询问买家，以便重新整理出完整的买家信息，并根据情况有针对性地说明，增进自己与买家的沟通了解。与买家沟通时，我们要及时辨明买家的关注点，使自己的推介做到既不重复冗长又切中要害。送走买家之后，我们要及时向公司通报情况，表示这位买家已经由自己接手。

正确应对示范1

经纪人："您好，请问需要什么帮忙？"

买　家："小张在吗？"

经纪人："不好意思，小张前不久刚刚离职了。我是小王，请问您贵姓？"

买　家："我姓刘。"

经纪人："刘姐，您好！很高兴为您服务，您有什么需要都可以跟我说。"

买　家："哦，这样。之前小张带我看过××小区的一套三室两厅的房子，当时是晚上，光照什么的都没办法看到，我想现在再去看看。"

经纪人："您说的是××小区的那套三室两厅，对吗？您请稍等……"

点评：只要买家上门了，他们就是公司的买家。不管他们要找的是哪位经纪人，既然是你接待的,就要保持热情的服务,及时地建立买家对自己的信任,引导买家把关注点放在房源本身之上。

| 正确应对示范2 |

经纪人:"您好,请问有什么可以帮上您的?"

买　家:"小张在吗?"

经纪人:"不好意思,小张上周刚刚离职。我是他的同事小王,有什么需要都可以跟我讲,很高兴能为您服务。"

买　家:"他离职了?我都没听说。"

经纪人:"小张刚离职没几天,所以没能通知到所有的买家,不过他离开之前交代我们要好好接待他的买家。您放心,我们一定好好为您服务。"

买　家:"那好……"

点评:买家明显对前任经纪人抱有好感,此时我们要适当地对其工作表示认可,方便之后的沟通与服务。

困惑22　买家站在盘源架前——我随便看看

| 错误应对 |

1."好吧!"

点评:房地产经纪人在买家初次光临时扮演的是一个引导者的角色,而这种应对却是消极应对的表现。让买家自己在门外看盘源,如果没有马上能够吸引买家的房源信息,估计不出三十秒,买家就会离开。

2."那好,您先自己看看,我叫小李,有什么需要可以叫我。"

点评:这其实是一种非常好的应答方式,经纪人可以通过短暂的"放任自流"给自己时间对买家的性格、关注方向做出大致的判断。只是,这种"放任自流"是非常短暂的，可能十秒就足够了，在经纪人做出了初步的判断后一定要主动接近买家，否则，留给你的就只能是买家离去的身影了。

3．"先生，这是我的名片，有什么需要的话可以进来了解一下。"

点评：这种沟通太过单刀直入，有失唐突。买家可能会被你吓一跳，而敏感的买家更有可能感觉到压力，甚至会直接选择离开。

4．"外面这么热，干吗一直站着呀，进来坐坐，我给您详细介绍一下。"

点评：这种做法容易让买家感觉你就像一只饿狼扑向一只小肥羊，过分的热情，会显得你有些迫不及待，买家与你说几句便很可能会离开。

困惑解析

当买家站在店门口观看盘源时，房地产经纪人通常会立即来到买家身边问买家"您好，请问有什么可以帮助您？"，而买家也经常会回答"我随便看看"。买家之所以会有这样的表现，一般有两个原因：一是买家只是在闲逛，看到盘源便停下来看看，顺便了解一下目前房地产市场的行情，真的只是想看看而已；二是没有看到他们想买的房子，不想与我们房地产经纪人打交道或者是不想过早地与我们接触。不论属于哪一种情况，此时经纪人任何不恰当的语言都有可能导致买家立刻离开。

当发现买家在店门口观看盘源，我们应立即起身与之打个招呼询问有什么需要，是对买家的尊重，以积极处理问题的心态，尝试主动和买家沟通。消费者行为学专家表示，如果能让买家在三十秒之内对你的话产生兴趣，那么买家的顾虑就会减少。所以，我们要让买家在三十秒之内提起兴趣，并接受我们进店详谈的邀请，这样才有机会引导买家说出自己的需求。

正确应对示范1

经纪人："小姐，您好！请问有什么可以帮到您？"

买　家："我随便看看。"

经纪人："××新城有套优质房源，业主因为工作调动全家要搬到××市，所以着急卖房，价格比市场价低了不少，我给您详细介绍下，好吗？"

第二章　接待客户环节的困惑解析

点评：房地产经纪人的推介就像语音版的海报，买家听到了自己感兴趣的关键字后，就可能表示出更高的关注热情，这样，邀请买家进店洽谈才更加容易。

正确应对示范2

经纪人："大姐，您好！请问有什么可以帮到您？"

买　家："我随便看看。"

经纪人："大姐，来得早不如来得巧，刚刚有个业主过来，说着急用钱，想赶紧卖掉房子，一下子降价了十几万元，真的太划算了，我同事已经给他买家打电话了，说不定等会就有人去看房了。我给您详细介绍下，好吗？"

点评：有时经过经纪人的这种有重点的推介，买家也许就愿意进店详细了解情况。

困惑23　"这套××花园的两居是怎样的？"

错误应对

1."这是××小区的，我有钥匙，现在就可以带您去看房。"

点评：这种推介的节奏有点快，买家对这套房子还没有足够的认识，也不确定是否对其感兴趣，这个时候就提出带买家看房，买家会觉得没有必要，甚至直接拒绝。

2."这套房子位于××小区靠近马路的高层单位，7楼，有电梯。"

点评：经纪人对房源的推介切忌想当然，你觉得靠近马路方便，买家却可能觉得这样会太吵。如此一来，即便房子的其他条件不错，买家也很可能会先入为主，认为这套房子不好。

3."这套房子总面积为105平方米，总价是85万元。"

点评：经纪人介绍的这些信息，可能房源纸上都已写明，简单的重复无法成为吸引买家的卖点。站在店外房源纸的买家，其兴趣如果无法在短时间内被提起来的话，很有可能下一秒就会离开。

二手房销售的艺术
为你解决96个二手房销售的困惑

> **困惑解析**

当买家询问这套房子怎么样时，说明买家已经注意到了这个房源。但这并不意味着买家对这套房子已经产生了兴趣或购买欲望，或许他们只是想要多了解一下房源的相关情况而已。此时，如果我们把房源的所有情况都向买家进行详细介绍，那么买家就很难了解到房源的优点和价值，从而失去继续了解的兴趣。如果不能在最初的介绍过程中吸引买家的兴趣，买家对这套房子的了解热情就会熄灭，那么我们也就失去了挖掘买家需求重点的机会。

如何才能够有效地激发买家兴趣呢？这就需要我们做好日常的准备工作了。在接到房源时，就要先分析一下该房子的独特卖点，总结出该房源能带给买家的最大优势。对买家来说，只有清楚了解这套房子会给自己带来的优势，才有进一步了解的兴趣。

> **正确应对示范1**

买　　家："这套三居是怎样的？"

经纪人："哦，这套房子，它可是我们店里重点推荐的优质盘，就在后面这个小区，我上午才带买家去看过。南北朝向，采光和通风一流，而且主卧有个大阳台，可以看到全线江景。站在那儿，空气都感觉比较新鲜。"（卖点为"南北通透、全线江景"）

买　　家："在几楼？"（买家产生了兴趣。）

经纪人："先生，我们先进店里来喝口茶，我向您详细介绍一下该房源情况。"（邀请买家进店详谈）

点评：买家表示出对某一房源的初步兴趣后，房地产经纪人要及时地做出推介，将房源的最大优势有效地传达给买家。这样，买家最初的兴趣之火才会慢慢变大，也才有可能邀请买家进店作进一步的介绍。

第二章 接待客户环节的困惑解析

正确应对示范2

买　家："这套三居是怎样的？"

经纪人："这是我们前天刚收的盘，刚放出来就有好几位买家咨询过。上午我刚带两位买家过去看，就在后面的这个小区。小区环境挺好的，有很多休闲活动的场所。房子很新，业主年前才重新装修过。并且有入户花园，挺大的，面积可以折半，大概有5平方米是送的。"（卖点是"小区环境"和"入户花园"）

买　家："什么朝向？楼层呢？"（买家产生进一步了解的欲望）

经纪人："这样吧，大姐，我们先到店里喝口茶，我向您详细介绍一下。如果有兴趣，我们还可以马上去看房，因为业主把钥匙放在我们店里了。"（邀请买家进店详谈）

点评：房地产经纪人在最短的时间内，通过买家寥寥数句的话语，就能让其对房源有大致的方向性判断。这样一来，经纪人的推介才会有针对性，买家的兴趣才能被不断地提起来，进一步的推介才有可能。

困惑24　"你们有××小区的小三居吗？"

错误应对

1. "××小区的小三居？这个没有哦。"

点评：听了这话，买家可能会感到失望，继而就离开了。

2. "有的，B栋7楼，95平方米的小三居，380万元。"

点评：在买家询价之前就过早地透露出自己手中房源的价格，很容易陷入尴尬的境地，因为买家可能在其他中介公司看过这套房子，如果其他中介开价375万元，那么买家一听到380万元可能就没兴趣了，你也就失去了进一步与买家沟通的机会。

3. "这个小区的小三居只有90平方米，太小了，我这里有一套110平方米的三居室，也是××小区的。"

点评：这种回答有两个弊端：一是等于告诉买家你手上没有符合其要求的房源，买家可能会转身离开；二是否定了买家对于小三居的喜欢之情，显得太不尊重买家，容易让其产生不满，买家肯定会愤愤地转身离开。

4."为什么非要××小区的呢？"

点评：这样回答显得很不礼貌，买家喜欢那个小区是其自由，你可以去引导买家，但不能去质问买家。

困惑解析

冬天来了，小王想买一件呢大衣，逛商场时看到一件非常中意的，于是问店员："这件大衣有中号吗？"店员回答："没有。"小王很失望地离开了。在另外一家店，小王又看到了一件不错的大衣，问店员要中号的，店员回答："很抱歉，这件大衣没有中号的了，不过店里还有一款大衣和这件类似，有中号的，要不您试试？"小王心想，那就试试吧！最后买下了这款大衣。

这样的场景相信大家都不会陌生，为什么同样的情况会出现两种相反的结果？因为否定句往往是消极的，遭到否定时买家的心理肯定会不高兴。买家之所以想买呢大衣，可能只是因为呢大衣保暖，可是，如果店员能介绍一款同样保暖好看的大衣，那买家何乐而不为呢？

我们房地产经纪人是买家的置业顾问，负责引导买家的购买行为。买家之所以想要购买××小区，可能是因为觉得这个小区好；可是，这只是其初步的意愿，如果没有找到他们中意的，但是能够让其感受到其他的小区其实也不错，那他们可能就会转变想法。当买家想要了解某个房源，尤其是详细到具体的面积和户型时，说明买家在与我们接触之前已经对该房源有过一定的了解，而这种了解包括三种情况：一是已经在其他中介看上了这类房源，但是价格谈不拢，想换一家中介试试，看能不能以较低的价格拿下；二是有亲戚朋友住在这个小区的该户型，听说条件不错，就想来了解一下有没有符合要求的房源；三是已经通过其他中介看上了这类房源，但是那套房源已经被其他买家买走，希望我们会有类似的房源。不论属于哪一种情况，买家对房源的要求都非常明确。

第二章　接待客户环节的困惑解析

这种情况在门店里经常发生。有类似房源或者相同房源时,我们要通过适当的提问,如"请问您之前看过那里的小三居吗"引导买家回答,判断其属于哪一种情况。在明确原因后,再据其进行有针对性的应对。如果属于第一种原因,在价格上不要太过轻易就做出让步,但是也不能把自己的后路堵死,给买家留下一些谈价的空间。或者在降价的同时,提出一些附加条件,让买家立刻下诚意金,这样就变成了独家委托。如果属于第二种情况,在进一步弄清买家需求之后,向其介绍房源的优势和价值。如果属于第三种情况,就要根据买家的要求推荐类似的房源。无论如何,对于这种意向非常明确的买家,一定要牢牢把握。

如果我们手头上并没有符合买家要求的房源,也不能直截了当地说"没有",而应该先问清楚买家为什么看中这类房子。有时买家并非喜欢这类房子,而是看中周边的一个设施和环境,或者是看中那个地段的升值潜力,只要能挖掘出买家的真实需求,我们就可以推介其他适合的房子给买家,这笔单子照样有成功的可能。

正确应对示范1

有类似房源或相同房源的情况。

买　　家:"你们这里有××小区的小三居吗?"(买家明确表明目标)

经纪人:"有的!请问您之前有看过这种户型吗?"(引导买家说出缘由)

买　　家:"嗯,前几天我在××房产看过一套,但是他们开出的价格很高,所以我想在你们这里看看,比较价格是不是合理。"(买家表明原因)

经纪人:"请问您看的具体是哪一套呢?"

买　　家:"15栋7楼701室。"

经纪人:"不知道他们给您的是什么价格?"

买　　家:"385万元,我觉得贵了些。"

经纪人:"我们也有这套房源,385万元您不能接受,不知您心目中的价位是多少?"(弄清买家的购买预算)

买　　家:"老实说吧,这套房子我也看过,还算可以,如果你能帮我谈到380万元,我就找你买了。"

经纪人:"这位业主是我们的老客户了,如果您真的有诚意,就先交一些诚意金,这样我同业主谈价钱时也有依据，一旦业主同意了，我立即把诚意金转成定金给他，让他不好反悔。如果谈不成，我全额退给您。您看是先交五千元呢，还是1万元？"（只要380万元是在业主的底价之上，就可以先让买家交诚意金，以免买家反悔）

点评：买家点名问某小区××平方米的房子，说明其不论出于何种原因都已经对此种户型有所了解，作为房地产经纪人，就要通过适当的提问，判断出买家是因为什么原因而指名此户型。像本案例中，买家就是出于比价的心理而在不同的中介公司间询价，这时，即便买家可以接受的价格等于甚至大于业主的底价，经纪人也不能一口答应买家的价格，而应先让买家交意向金，否则只会让买家感觉价格还有谈判的空间，从而陷经纪人于尴尬的境地。

正确应对示范2

没有类似房源的情况。

买　家："你们这里有没有××小区的小三居？"（买家明确表明目标）

经纪人："请问您之前有看过这种户型吗？"

买　家："没有，我有一个朋友住在那儿，我觉得还不错。"（买家道出原因）

经纪人："是这样，您是想买一套××小区的房子，对吧？"（挖掘买家的真实需求）

买　家："是的。我们一家三口，想买个和我朋友那样95平方米的小三居就可以了。"

经纪人："××小区的环境确实不错，绿化也好，还有很多停车位，这可是很难得的。房屋的设计也都很合理。××小区的三居室现在有两套房源，一套是5楼，一套是11楼，不过面积上有一点差别。"（根据买家的需求，在介绍时着重强调优点）

买　家："什么差别？"

经纪人："5楼的那套是120平方米的大三房，11楼的那套比较接近您的要求是95平方米。户型都是三室两厅，朝东，且南北对流通风，非常符合您的要求。您有兴趣的话，我现在就可以带您上去看，我们有钥匙。"（尽量缩小这套房子与买家目标房源的差别，同时突出房子的优势，引起买家的看房兴趣）

买　家："好的。"

第二章 接待客户环节的困惑解析

点评：买家点名问某小区××平方米的房子时，即便经纪人手上没有完全与之相匹配的房源，也万不可直接回答"没有"。要知道，买家的实际购买结果跟其最初的想法在很多情况下是不相符的，经纪人如果能通过适当的提问，对买家的实际需求有一个非常明确的判断的话，就可以从自己手中的房源中配对出条件相似的，然后将其推介给买家。只要能吸引买家看房，就意味着你向成功迈出了可喜的一步。

第三章

带客看房环节的困惑解析

困惑 25 这些房源都适合买家,要全部带看吗

> 错误应对

1. 一次就带看所有适合买家的房源。

点评:可选择项太多的话,买家容易挑花了眼,更难以选择。

2. 每次只带看认为最适合买家的那一套。

点评:不能给买家太多选择,也不能让买家没得选择。人在消费时都有一种择优心理,只有一套房源没有任何比较时,买家就会下意识地认为说不定还会有更好的,等多看几套再说。

> 困惑解析

符合或大致符合买家需求的房源数量通常都不止一套,在这种情况下,很多房地产经纪人就不知所措,不知道该带买家去看哪些房了。

第三章　带客看房环节的困惑解析

常常听到有人这样说："我没有选择"。这句话隐含着一层重要的意思：可供选择的东西越多越好。因此，为了给买家提供更多的选择，以提高签单的概率，很多房地产经纪人就不辞辛苦地带着买家把自己所有的房源都看一遍。从逻辑上看，这很自然，人总在追求更大的自由，而人的自由在很大程度上体现为选择权力的大小和机会的多寡。然而研究揭示，实际情形远非这么简单，选择机会超过一定数量就会变成一件坏事。

> 由美国哥伦比亚大学、斯坦福大学共同进行的研究表明：选项越多反而可能造成负面结果。科学家们曾经做了一系列实验，其中一个实验是在加州斯坦福大学附近的一个以食品种类繁多闻名的超市进行的。工作人员在超市里设置了两个果酱试吃摊，一个有六种口味，另一个有二十四种口味。结果显示有二十四种口味的摊位吸引的顾客较多：242位经过的客人中，60%会停下来试吃，而260个经过六种口味的摊位的客人中，停下来试吃的只有40%。不过最终的结果却是出乎意料：在有六种口味的摊位前停下的顾客30%都至少买了一瓶果酱，而在有二十四种口味摊位的试吃者中只有3%的人购买。

过多的选择会使人们陷入游移不定、自责后悔的怪圈。同样，可选择的房源越多，买家更可能举棋不定。甚至因为看多了，有的买家会把地点、房型乱配鸳鸯，更别提交易了。但是，如果让买家没得选择，如为了不让买家挑花眼，有些房地产经纪人会特地每次只带买家看一套房，殊不知买家在消费时都有一种择优心理，当只有一套房源而没有任何比较时，买家就会下意识地认为说不定还会有更好的，等多看几套再说。要清楚一点，买家所谓的"多看几套"，可不一定是等你下一次的安排，也可能是其他同行带看的。

因此，当有很多套房源都适合买家时，应根据买家需求，确定一至三套房源介绍给买家，然后再准备几套备用房源，根据具体情况再决定要不要带看。

正确应对示范

经纪人："杨姐，我手头上刚好有几套适合您的房源，我带您去看看吧。"
买　家："好的。"

……

买　家："还有其他的吗？"

经纪人："边上××小区有一套也挺适合您的，我带您去看看……"

买　家："好，多看几套才有得比较。"

点评：带买家看房前，可以先将适合买家的房源分出层次，首先选出房源条件有些许不同的一至三套，有比较才能更清楚地看到房源的优点。这样，既可以满足买家的择优心理，又不至于挑花了眼。

困惑 26　带客看房时，如何选择看房路线

错误应对

1. 挑最近的路走，这样才不会浪费大家的时间。

点评：最近的路不一定是最好的路。作为房地产经纪人，只要是以最终促成交易为目的的工作，都不会是浪费的。

2. 随便了，什么路线无所谓，能到就行了。

点评：选择看房路线是为了提高带看的成功率，提升业绩，怎么能无所谓呢？

困惑解析

买家在购房时，并不仅仅只是看房屋的内部情况，其他诸如地段、交通、配套、环境等，也都是买家所关注的问题。因此，我们在带客看房前，要提前设计好看房路线，要保证该看房路线能充分展示该房源对买家的"卖点"。

"条条大路通罗马"，从中介门店到房源所在地，一般都会有好几条路线。有的繁华漂亮，可以一路欣赏到"家"，肯定让人心情舒畅；有的杂草垃圾一大堆，要捂着鼻子到房源，恐怕连我们房地产经纪人自己都不好意思说出优势来。

不同路线所带来的不同效果是显而易见的。为了节约时间，有些房地产经纪人在

带买家看房时总是喜欢挑一条最近的路线。但是，如果这条路线不但不能显示房源的"卖点"，反而会给买家带来"购买障碍"，那么就将得不偿失了。

一般来说，带买家看房时，不能只想着路途远近，而应尽量选择景观好、道路好走的路线，千万不要为了贪图方便而带买家去走那些杂草丛生、坑坑洼洼的泥泞小道。记住，坎坷的看房路线会让我们的经纪过程也变得坎坷。

正确应对示范

经纪人："杨姐，我们这边走……"
买　家："好的。"
经纪人："您看，前面就是××城，周末没事时可以带孩子去那看看电影……"
买　家："嗯，还挺近的，住在这里就是方便。"
点评：带看之前提前踩点，就可以知道哪条路线更能让买家动心，就能省掉很多不必要的麻烦。

困惑27　对房源不熟悉，带看前要先踩点吗

错误应对

1. 都知道怎么走，没必要那么麻烦了。

点评：是的，怎么走你知道，问题是周边的情况你清楚吗？不清楚的话，又怎么向买家介绍呢？

2. 踩什么点？用导航就可以了。

点评：导航确实是方便，不过很多小路不一定有导航。如果出了差错，带着买家绕来绕去，尤其是天气情况不好时，那必定会让买家心情极为不好。

困惑解析

完美的事前策划是成功的开始。同样，房地产经纪人在带买家看房前也应该提前到现场去适应场地。

（1）踩点踩出"熟面孔"。提前踩点的一个好处是让自己混个"熟面孔"，这里所说的"熟面孔"主要包括两个方面：

1）提前踩点可以加深对房源的了解，如所属小区的规模、周边环境、交通情况等。有的买家会根据情况与我们约定在小区附近的某个地方碰面，只有熟悉该小区周边情况，我们才能选择一个好的地点，避免在不利于开展工作的地方与客户碰面。

2）随着封闭小区的风靡，很多保安都对来往陌生人特别"严格"，在踩点时我们就可以跟他们攀谈一下，让其对我们感到"面熟"，这样才不会在带买家来看房时，被挡在门口。

（2）踩点踩出自信来。通过提前踩点，熟悉了房源的周边情况，在带买家看房时就会信心十足，至少不用担心出现找不到房子的情况。况且，因为提前看过房子，就会对房子的情况了如指掌，介绍起来也会更加得心应手。

1）注意观察房屋的外部环境。如小区的绿化、配套设施，物业管理情况，周边交通情况，购物场所、学校等。如果房屋周边比较吵，要了解具体情况，以便买家询问时做出说明。

2）观察房子的内部情况。包括户型结构、装修年限、装修档次，房屋的使用率、家具家电等。

3）房子的采光情况。如客厅、卧室、厨房、厕所的采光情况，哪个时间段房屋采光最好，便于向买家介绍。

4）制定房屋销售方案。通过分析房屋的优劣势，找出房屋的卖点，制订该房屋的销售（解说）策略。

正确应对示范

经纪人："陈哥，今天您值班呐……"

买　家："小汪，看来你对这个小区很熟悉。"

经纪人："杨姐，是的，我们做中介这行的，天天带客户看房，这小区里不但保安、物业，连业主我也有很多熟悉的。我们要去看的这套房，业主经常到我们店里来……"

点评：让买家看到你对该区域的情况了如指掌，买家也就会更放心：看来这小伙子还是挺专业的。

困惑 28　一次带看多套房源，怎么安排为好

错误应对

1. "我们先去看这套吧。"（随意安排看房顺序，想看哪套就先看哪套）

点评：没有策略地安排看房顺序，想看哪套就先看哪套，这样很难提高看房的成功率。

2. 先带看最好的，再带看最差的。

点评：先带买家看了最好的，买家看了后觉得不错，可能就会提升对后面几套房源的期望值。结果越看越差，买家难免会产生心理落差，甚至觉得你这没有什么好房源，不如到其他中介去看看。

3. 先带看最差的，再带看最好的。

点评：带看前，你通常会和买家说"这套房源挺适合您的"，结果买家看了觉得根本是言不符实，买家会认为你是在欺骗他们。在这种负面情绪的影响之下，买家对其他房源的好感度也会相应降低，甚至产生到其他中介看看的想法。

困惑解析

如果一次性带看两套以上的房源，通常应遵循"一般的→最好的→最差的"看房顺序。这个排序会对买家产生心理影响，从而最终选定最好的那一套，也就是为我们

准备主推的那一套。人有一种心理，对最开始的和最后面的总是会很谨慎，但对中间的则会放松警惕。

当然了，房地产经纪市场到处充满竞争，在一些特殊情况下，我们也不可能一直按照这个顺序带看，要根据情况区别对待，总体要以快速成交为指导，在选择带看顺序时应以尽早促成交易为目的。如果当时买家在门店，有符合其要求的房源，则应邀请买家立刻去看房子，为了避开竞争，应该先带买家去看钥匙盘的、同事正在看的、容易约到业主的房子，以避免让买家到其他中介看房。

正确应对示范1

经纪人："王先生，我手头有两套符合您要求的房子，一套是××小区A栋11楼的单元，还有一套是××花园3楼的单元。这样吧，如果您现在方便，11楼这一套房子我们有钥匙，我现在就可以带您去看。3楼这套房子我等会约一下业主，争取让业主明天早点过来开门，您看如何？"

买　家："好的。"

点评：房地产中介行业竞争激烈，中介店面鳞次栉比，在隔壁就是竞争对手的情况下，经纪人一定要审时度势、当机立断，首先要让买家有房子可看，否则，买家极有可能就会消失。

正确应对示范2

经纪人："张小姐，我现在手头有三套符合您要求的房子。一套是××小区B栋7楼的单元，C栋3楼的单元，还有一套是××花园16栋6楼的单元。您现在方便的话，我可以立即打电话让××小区B栋7楼的业主过来开门，您看怎么样？"

买　家："好吧。"

经纪人："张小姐，不好意思，业主家离这里有一小段路，大概要等半个小时。不如这样，我现在先带您去看一下小区环境，您看如何？"

点评：买家向你询问房源，带有极大的随机性，如果手头有房源的话，就一定要在第一时间安排买家看房，否则，机会一旦错失，买家回头的可能性就微乎其微了。

本案例中，经纪人没有让买家就在店里等待，而是利用等待的时间向买家介绍房源周边情况，就是一种非常明智的做法。

困惑 29　邀约看房时，时间的安排有何讲究

错误应对

1. 想什么时候看就约什么时候。

点评：你有空，买家或业主就一定有空吗？你是为他们服务的，是你要根据他们的安排，而不是他们来适应你自己的安排。

2. 看买家（业主）了，他们方便就可以。

点评：没错，邀约看房肯定要买家和业主都方便的时候，否则是没法带看的。但选择哪个时间看房，其实也是需要讲究技巧的，这样才能提高邀约的成功率，否则经常会出现买家或业主有一方没空的情况。

困惑解析

一个巴掌拍不响，看房时间不是由房地产经纪人决定的。在带买家看房前，应提前预约业主和买家，安排一个双方都能接受的时间去看房。有些待售的空房业主为了方便看房，也可能会留给中介钥匙，这时候看房就方便多了。

对于业主而言，在其报房源时，最好就先问清楚什么时候看房比较方便。如果房子没人居住，有经验的房地产经纪人通常会建议业主留下一把钥匙，以方便买家看房，业主也省得来回跑。这样在约买家时，时间就比较容易掌握，就不用担心出现买家有空而业主又不方便的情况。

对于买家而言，也最好先问清其时间安排。毕竟，很多买家都不是全职买房的，不会因为要买房就放下手头上所有的工作。此外，在与买家接触的过程中，不妨多多了解买家的作息习惯，最好选择在其时间比较充裕时邀请其看房，他们才有更好的精

力和状态。

这里需要注意，为了节省时间，带买家看房时通常不会只看一套，而是两三套一起看。这样，在预约看房时就会有时间安排的问题。在预约业主时，两套房子的看房时间不要安排得太近，否则只要其中一套房子看房时间长了，去看剩下的房子时就很容易迟到。

预约看房时间时，要照顾到业主和买家双方的时间表，用"选择式"提问是一个较好的预约办法。

案例1：

经纪人："王先生，有位客户对您的房子很感兴趣，您这周六有空吗？"

业　主："不好意思，我没空。"

案例2：

经纪人："王先生，有位客户对您的房子很感兴趣，您看这周六上午9点还是下午3点去看房比较方便？"

业　主："这周六我没空，周日上午10点怎么样？"

案例1中房地产经纪人的询问方式，刚好遇上业主没空就只能另约时间。相比之下，案例2中，提出具体时间供业主选择，按照思维惯性，很可能会选择其中一个时间，如果这两个时间确实不合适，他们也会自己主动提一个看房时间，可以说事半功倍。另外，预约看房时，要给出一个准确的时间点，而不能笼统地说上午或者下午，买家或业主是不会一直等着你的电话的。

有时候，在约好的时间内，买家或者业主可能会因为有事而无法赴约。这时候，应及时通知对方，另行约定时间，千万不能让其中一方苦苦等着。

正确应对示范

经纪人："张小姐，今天业主在家，您看我们是上午十点还是下午三点去看房？"

买　家："那就上午十点吧。"

经纪人:"好的,张小姐,那九点五十您先来我们门店,我带您去看房……"

点评:预约看房时,最好用"选择式"的方法提问。

困惑 30　房源怎么包装才能提高"卖相"

错误应对

1. 包装不重要,我们的推介才重要。

点评:推介重要,包装也同样重要。我们卖的可是二手房,买家可是要实地看房的,而不是只听我们的介绍。

2. 包装什么?总不能让业主重新粉刷重新装修吧?

点评:是的,业主不可能重新粉刷重新装修,但做好一些细节工作同样可以提高房源的"卖相"。

困惑解析

陈女士有一套房子要卖,地段、户型等条件都还不错,她搬走之后,房子里没人居住,也没人收拾。之后,经纪人小李连续介绍了几位买家来看房,但是看房的人不是对房子挑挑拣拣,就是要求陈女士降价。对此小李非常不解,后来经公司另一同事点拨才恍然大悟,原来房子的"卖相"太差,给买家的第一印象不好。于是,小李建议陈女士把房子简单地收拾一下,结果房子很快就出手了,而且还多卖了10万元。

同样的水果,通过精致的摆放会给顾客一种感觉:这家的水果看起来好漂亮,肯定很新鲜。这对二手房买卖同样适用。不少业内人士反映,不论是出售房子还是出租房子,提高房子的"卖相"都很重要。多数二手房由于居住时间较长,都会有一些小瑕疵或小缺陷,把房子简单地装修一下,不但能够提高带看的成功率,还可以提高成交价格。

（1）在买家看房之前把家里打扫干净，如果房内还留有家具，要把家具收拾整齐。

（2）如果房屋本身采光性较差，建议业主把灯泡换亮，用把墙刷白或者在客厅安装镜子的方法进行补救；如果房子通风不畅，可以让业主在房内摆放一些绿色植物等。

（3）如果房子出现下水道堵塞、油漆脱落、墙边有水渍等问题，一定要及时修补，很多买家会抓住这些小毛病来讨价还价，而且降价的幅度远大于修补的费用。

（4）如果房源总体面积较小，建议业主把房内的杂物或破旧的家具拿走，否则会让空间显得又小又旧，不利于卖个好价钱。

（5）对于靠近马路、高架桥和小区娱乐场所的房屋，噪声干扰肯定比较大，最好能安装双层玻璃窗以降低噪声分贝。

（6）在买家看房时，业主的家庭成员不能太多，一两位即可。此外，如果房子还有人居住，家庭成员最好不要随意走动，否则会让买家觉得屋内拥挤嘈杂。

（7）房子长期没人居住，应定期去除异味，有些房子空置时间一长，容易产生潮味或其他一些气味，很容易影响买家对房子的判断。

以上都只是对房屋细节上的一些改进，以较低的成本就能获取较高的回报。对于这方面，我们一定要跟业主说明其中的利害关系，让业主配合改善房子的"卖相"，提高带看的成功率。

正确应对示范

经纪人："张小姐，下午三点我会带买家去看房。为了卖个好价格，让买家看起来更舒适，我给您个小小的建议，可以吗？"

业　主："好的，你说。"

经纪人："因为我们这套房子面积不大，买家上去看房时，您和家人不要随意走动，否则会让买家觉得屋内拥挤嘈杂……"

点评：只要向业主说明这些举措是为了其利益考虑，相信业主都是会积极配合的，毕竟谁都想卖个好价钱。

第三章　带客看房环节的困惑解析

困惑 31　带客看房时，碰面地点有什么讲究

> 错误应对

1. 这个没关系吧，哪里都可以，大家有手机都方便。

点评：是的，大家都有手机，找不到人还可以打个电话联系一下。可是，这种随意的态度可能会让买家产生经纪人工作不专业、不严谨的看法，影响后期成交。

2. 找个醒目的就可以了。

点评：醒目的地点？像火车站、商场门口这些地方，人多且杂，买家其实并不容易找到你。

> 困惑解析

碰面地点的选择是一门学问。最好的碰面地点是邀请买家到店里来，然后再一起去看房。如果买家不方便（如买家离目的地更近），那么最好选择一个我们自己比较熟悉的地方，或者选择在一些标志性建筑处碰面。注意，最好不要把碰面地点选在人太多太杂的地方（如车站、商场等），那样很可能找对方都要花半天时间。

这是一个真实的案例：王先生在××房产中介公司看中了××小区一套三室两厅的房子，接待他的房地产经纪人小唐约王先生和业主在周日下午3点在小区门口见。王先生对小区附近很熟，下午2:45就到了门口。一位老板模样的人走过时，保安告诉王先生他要看的房子就是那位先生的。于是，王先生和业主攀谈了起来。下午3:05时，小唐终于赶到了。可是王先生已经和业主取得了联系，过几天私下达成了交易，小唐这两个月来的辛苦都白费了。

碰面地点的选择虽说是经纪活动中的一件小事，但是千里之堤毁于蚁穴，上面这个案例中小唐就是因为没有安排好碰面的地点，才导致买家和业主有了联系，最终抛开经纪人私下交易。为了避免业主和买家私下交易，在预约看房时尽量不要把双方约

在同一地点。如果实在无法避免，我们也要保证自己比他们双方都早到，不要让他们双方提前单独见面。

此外，要记住不要选择在中介密集的地方与买家碰面，否则很有可能会导致失去这个买家。首先，很多房源信息并不是我们独家拥有的，即并非"独家委托"，业主往往会为了尽快卖出房子而把房源信息提供给多家中介公司，尤其是位于房源所在地附近的中介门店；其次，买家并不是非这套房源不买，他们很可能只是看中了该区域甚至是该小区，因此，即使是其他中介没有该房源信息，但他们手头上所拥有的其他房源信息也可能会让买家动心；最后，一般买家在寻找房源时，也总是喜欢到多家中介门店转转，以获取更多的信息，这样才好做比较。因此，如果可以，尽量不要选择在中介门店密集的地方与买家碰面；实在不行，就一定要比买家早到，争取不让买家有机会去别的中介门店。

正确应对示范

经纪人："张小姐，下午您先来我们门店，我们一起去看房？"

买　家："不用这么麻烦，我家到××花园有地铁可以直达，我们在小区门口见面就可以了。"

经纪人："那好的，张小姐，要不这样，您坐地铁到湖东站A出口，我在出口处的国贸大厦那个牌子下面等您……"

买　家："好的。"

点评：在方便的情况下，可约请买家到店里来，然后再一起去看房。即使买家不方便（如买家离目的地更近），那么碰面的地点也不应该选择在人太多太杂的地方（如电影院、车站等）。

困惑32　带客看房时，如何获取买家好感

错误应对

1. 对待买家，我一向都热情周到，服务一直都很好，没有什么要注意的。

第三章　带客看房环节的困惑解析

点评：没错，热情周到是必须的。不过要想获取买家好感，光热情是不够的，而是需要做好各方面的服务。

2. 没事，买家已经很认可我了。

点评：目前买家可能是认可你的，但只要你在某些方面没有做好，那买家对你的好感可能就会消失了。

困惑解析

有些房地产经纪人在公司时还能循规蹈矩，注意礼仪和形象，而一旦出了公司，就马上像挣脱了笼子的野兔般乱蹦乱跳起来了。其实，对于房地产经纪人来说，带客户看房仍是属于销售行为，丝毫马虎不得，更不能像平时逛街一样的随意。

（1）准备好看房材料。在带客看房之前，应准备好看房时可能会用到的各种工具，包括纸笔、卷尺、计算器、指南针、通信工具、地图和名片等。如果是在夜间看房，就需要多准备一个小手电筒，以防急用。同时，要注意保持手机始终处于开机状态，电源充足，或带备用电池。

（2）千万不要迟到。很多人都有迟到的习惯，觉得拖个三五分钟没关系。这是错误的观念，不要以为迟到只是一件平常的事，更不要以为它不足以产生严重的不良后果。事实上，在"守时"被视同美德的社会里，"迟到"是一种难以令人接受的恶习，更别说是让买家等我们了。买家在等我们时对我们的信任就开始打折了。

如果遇到特殊情况，不得不迟到，如严重"塞车"，预计即将迟到，就应该尽快致电通知买家。通常情况下，应充分考虑到可能出现的意外情况，早几分钟出门，而不是卡着时间，好像我们的时间真的是那么宝贵，早几分钟就会浪费掉似的。

尤其是当约了买家在房源所在楼宇处等候时，我们更应早于买家10至15分钟到达。还可以与物业管理人员攀谈，了解该小区是否还有其他房源准备出售。

（3）保持良好形象。形象是一个人的第一张名片，一个举止粗俗、满脸污浊的人，是不会赢得对方好感的。带客看房时我们仍然处在与买家接触的过程中，我们的形象仍然会对买家产生影响，丝毫马虎不得。

1）养成习惯，出门前检查衣着是否整齐，头发是否凌乱。

2）走路时要注意仪态，切忌大摇大摆，也不能自顾自地走，把买家落在身后。

3）遇到熟人要主动打招呼，这是礼貌的表现，也会让买家觉得你人缘好。

4）遵守交通规则，开车、过马路都要按规定的路线行走。

5）注意环境卫生，不要随地吐痰、乱丢垃圾，否则这不但是社会公德问题，还会影响你在买家心目中的形象。

看房时，如果业主还住在房子内，我们也要注重进门后的礼节问题。没有人喜欢和不懂礼貌的人来往，更别说是生意往来了。

1）进门前先轻轻敲门，征得业主允许后再进门。

2）进门时要自觉换鞋，同时帮买家放好拖鞋，请买家换鞋。

3）要进入卧室时，应先征得业主同意。

4）不乱翻动房内的物品。

5）绝对不允许在房内吸烟。

6）参观完毕，请买家先出房、换鞋，自己再出来。

（4）利用细节获得好感。细微的关怀，折射出感人的品德，这常常是被人接纳、受人赏识的切入口。这就是细节的魅力。我们要好好把握这个秘诀，不要放弃任何一个能获得好感的机会。最为简单的做法就是在带看途中应及时提醒买家可能发生的安全隐患。

如在引导买家转弯时，熟悉地形的我们知道在转弯处有一根柱子，这时就要提前对买家进行提醒："前面有柱子，请小心"；如果买家带着小孩，我们就要时刻注意孩子的动向，看到车子过来要提前提醒："小朋友这边车子很多，过来叔叔牵着你"。别小看了这些微不足道的细节，很多时候就是这些小小的细节在无形中帮我们拉近了与买家的距离。

正确应对示范

经纪人："王先生，这里的楼道光线比较暗，请注意安全。"

经纪人："王先生，请靠边走，前面有车。"

点评：在带买家看房的过程中，要注意对买家进行一些细节提醒，尤其是一些有可能发生安全隐患的地方。这既是你的职责，也是你获取买家好感的一个好办法。

第三章 带客看房环节的困惑解析

困惑 33　买家在看房过程中好像有点冷场了

错误应对

1. 不会，大家都在走路，没感觉冷场。

点评：冷不冷场是看买家有没有处于准备购房的兴奋之中，而不是说走路时不说话。

2. 这买家真是的，我又没惹他（她），爱怎样怎样……

点评：你这种态度会不自觉地反映在你的言行举止中，从而让买家更加不高兴。

3. "陈先生，您好像有心事……"

点评：如果买家不是自己的朋友，这样冒昧地询问会让买家莫名其妙。

困惑解析

很多房地产经纪人发现，在公司洽谈时，买家还热情高涨；可是，一出了公司，还没到现场，买家就已经慢慢冷静下来，说话也更加冷静，难以激发出更大的兴趣了。这是为什么呢？

一个很重要的原因，就是抽离了购房氛围。在日常生活中，大家也经常会有这样的体会：在商场购物时，当你被某件商品吸引，被营业员的伶牙俐齿打动时，如果营业员能够适时地推你一把，你可能很快就掏钱买单了，即使事后悔得拍疼了大腿；但是，如果营业员在调起你的购买欲望之后，只是静静地等你做决定，那你可能就会冷静下来，仔细衡量一番，最终可能会选择放弃，无论营业员再怎么说服都不为所动。

有些房地产经纪人缺乏经验，认为该介绍的信息在推荐房源时都已经介绍了，似乎没什么可谈的，再说和客户只是刚认识，还不是很熟悉。其实这种想法是错误的，在我们向买家推介时，买家的购买欲望才刚刚被调动起来，这时他们的头脑仍然在思考我们刚才所说的内容。

正确应对示范

经纪人:"陈先生、陈太太,您看,这座小楼就是这个小区的会所,里面各种体育娱乐设施非常齐全。"

买　家:"哦,有健身房吗?"

经纪人:"当然有了。陈太太,看您的体态那么优美,一定经常锻炼吧?"

买　家:"是的,我平时经常去健身房锻炼,跳跳健美操之类的。"

经纪人:"难怪您的身材那么好,真让人羡慕。这个小区的会所就有健身房,以后您锻炼就更加方便了。"

点评:在带买家看房的途中,和买家边走边说,可以让买家保持着准备购买的情绪。

困惑 34　在房源现场不知如何引导买家看房

错误应对

1. 没事,买家自己懂得看。

点评:没错,买家是会自己观察,可是需要你去引导看到房源的好,这样才能提升带看的成功率。

2. 一套房子就那么点大的地方,大致向其介绍一下就是了。

点评:带买家看房,不是简单地让买家自己参观就可以了,而是应该充分利用现场,生动形象地予以配合介绍,让买家产生更加强烈的购买欲望。

困惑解析

一旦到了现场,有些房地产经纪人就会给买家"自由活动"的空间,让买家自己去感受房子的优点,自己去发掘房子的卖点。这就是"带看"吗?更像是"带路"或者"陪看"。"带看"是房地产经纪人的一项重要工作,其目的是为了使买家看到房源的好,激发买家的购买兴趣。

(1) 如果楼层较高并且不带电梯,在到达中间楼层(如三层)时,最好让买家停下来休息片刻,这样不至于让买家到达目标楼层后觉得太累。

(2) 上楼时,主动按电梯;电梯门开启后,应用手扶门,让买家先进去。

(3) 参观房子时,要走在买家前面引领其参观。

(4) 先请买家看客厅及阳台,这通常是景观最好的地方。

(5) 尽量在优点处多停留(优点处多在主卧和客厅、阳台)。

(6) 配合着作一些引导性的介绍,侧重引起买家的认同。例如:

——"这个同××户型一样,客厅都很大。"

——"您看,在阳台上就可以看到整个××山。"

——"这间是主卧,面积够大,景观也很好。"

——"这间是客卧,方方正正,很实用。"

——"这间厨房是朝阳的,每天早晨太阳一升起来就可以照到厨房里。"

……

(7) 必须注意,在引导买家参观时,尽量不要让太多的人一起走进卧室、洗手间、厨房,尤其是当房间比较小时,许多人拥挤在一起会使它显得比实际面积更小。

(8) 把它"当作"买家的家。在带买家看房时,尽量要让其有回到"家"中的感觉,让买家感觉自己已经是这里的主人,以唤起其拥有欲。例如:

——"您上班可以搭乘地铁。"

——"您可以经常在这里免费看球赛。"

——"您的儿子上学很方便,离这里只有5分钟的路程。"

……

(9) 把"邻居"搬出来。有些二手房是毛坯房,难以让买家有归属感,尤其一些设计不是很合理的户型,缺点很明显。这时,我们可以把"邻居"搬出来,让买家看看他们家里的装修情况,引起买家对自己"家"的联想。这里所谓的"邻居",是指已经入住的业主。一是要和这个"邻居"先打声招呼,取得其同意;二是这个"邻居"家的装修效果很好,否则就是画蛇添足了。

正确应对示范

买　家："大衣柜放在这个地方可不好，靠近卫生间，容易变潮的。"

经纪人："王先生，您考虑得可真周到。像您这样专业，您的家一定会装修得很漂亮的。"

点评：当买家在看房时对装修等提出意见时，千万不要去否认或嘲笑他们，而是要尊重其看法。

困惑 35　买家总说我们推介的房源不适合他们

错误应对

1. "那您到底想要什么样的房子呢！"

点评：毫无疑问，这样的质问会让买家非常不满！不是只有你一家中介，买家可以去找其他中介合作。

2. "您的要求也太高了吧，去哪里找又好又便宜的房子呢？"

点评：这种嘲讽的口吻，谁听了会舒服？换位思考一下，如果是你买房，你会随随便便地挑一套就买吗？

3. 算了，这买家太难伺候了，不要再浪费时间和精力了……

点评：真的是买家难伺候吗？未必吧！为什么不多从自己身上找找原因呢？如果每次碰到困难都选择放弃，那你更该放弃的是这个职业了。

困惑解析

买家为什么总说我们推介的房源不适合他们？一个最主要的原因是我们没有做好匹配工作。我们都知道，月下老人"红娘"的一项重要工作，就是为某人找到合适的

第三章　带客看房环节的困惑解析

另一半,以促成一段美好的姻缘。同样,作为居间人,我们房地产经纪人也要像"红娘"一样,积极做好"配对"工作,帮助买家找到符合其需求的房子,或者为房源找到"门当户对"的主人。只有买家的需求与房源的条件相匹配,带看的成功率才会高。

(1) 条件匹配。找对象要找到自己满意的,买房子同样要买符合自己需求的。作为房地产经纪人,我们没有权力为买家做主,只能是根据买家的要求帮忙寻找合适的房源。买家要别墅,就帮忙找别墅;买家要楼中楼,就帮忙找楼中楼;买家要三室的,就帮忙找三室。如果买家已经非常明确地告诉我们,他们的经济条件有限,只能购买一套普通的房子,而我们却抱着"为买家推荐最好的房子"的美好愿望,积极地带着买家一套套地参观那些豪宅,这样能成功吗?

当然,很多时候买家都不会把自己的条件和盘托出,而是只说个大概,如"环境没有太多要求,差不多就可以""新旧无所谓,不要太破就好",等等。别以为买家这样说就等于是没什么太多的要求,你知道什么是"差不多"?什么叫"不要太破"?碰到这种情况,最好问问清楚,否则不但浪费时间,甚至会引发买家的反感:怎么每次都是带我看这些不适合我的房子?

(2) 价格合适。这里所说的"价格合适",是根据买家的经济能力和所愿意承担的价位来判断的,是指房子的价格要在买家可以接受的范围之内,包括总价和单价。

1) 总价合适。买水果时,如果单价高,大不了少买一点。但买房子可不一样,总价是非常重要的,总不会说把一套房子拆开了买,觉得总价太高就扔掉一个卫生间吧?除非买家愿意购买一套小一点的房子。因此,价格合适首先要总价合适,充分考虑到买家的购买能力,而不能"强人所难"。

2) 单价合适。除了考虑总价,单价也是价格是否合适的一个重要衡量标准。从某种意义上来说,总价更多的是出于购买能力的考虑,单价才是真正判断"买得是否值了"的标准。

3) 首付合适。大多数买家在购房时都会选择按揭方式,因此还必须充分考虑到买家的首付要求。即使价格水平在买家可接受的范围之内,但如果买家的首付能力有限,仍然无法购买。尤其是购买二手房,首付通常要远远高于一手房,因为二手房贷款是按照评估价而定的,而不是像一手房那样根据购买价而定。并且,二手房交易所包含的税费也是一笔不小的数目。一般情况下,按照目前的银行政策,购买二手房需要支付的首付在总房价的40%~50%。

4）月供合适。选择按揭购房，除了首付之外，还必须考虑到月供的压力。买了房子却供不起的大有人在。尤其是对于那些工资不高的普通工薪阶层来说，月供能力也是衡量其购买力的一个重要标准。

必须注意的是：向买家推荐房源时，可以稍微高于买家的购房预算，因为买家通常会说得比较保守。

一般情况下，对于环境、户型等要求，买家往往会把条件说高，如要求大社区、风景要优美，最后你会发现他们的要求其实没那么高；但对于价格等条件，买家更喜欢隐瞒自己的真正能力，明明之前告诉你只能接受总价300万元的房子，一旦看到不错的房子却非常干脆地掏出350万元来："行，贵点就贵点，房子好就行了。"这并不是买家在有意刁难，而是大多数人在面对买房这种大买卖时，都会变得异常谨慎起来，毕竟谁都知道买房时好多钱是算不出来的，最好不要把钱算得太紧，否则到时要去哪里筹？在这种情况下，我们只能根据所收集到的信息，对买家的经济能力和购房预算作出判断，一般可以在买家自己所说的价位上下浮动10%左右。

正确应对示范

经纪人："罗先生，这几天我们看的这几套房子，您觉得怎么样？"

买　家："我觉得都不适合我。"

经纪人："哦，这样，罗先生，您能和我说说，您是因为哪些方面觉得不适合您呢？"

买　家："我们想买一套房子给父母养老，我父母他们喜欢大社区，生活便利，可是你们带我们看的这几套，虽然地段是不错甚至是学区房，可是……"

经纪人："罗先生，我明白了，这都怪我们没领会您的意思。您说的这种房源，我们这有几套的确不错，来，您看看这套……"

点评：买家要环境好的，要大社区和生活便利的，你却为其推介学区房，能有效果吗？

困惑 36　房源很抢手，买家却说周末才有空

错误应对

1. "周末看房人太多，不一定有办法安排。"

点评：在买家看来，你应该按照他们的时间表来为其安排看房时间，然而你却告诉他们周末没办法安排时间，买家会认为你对他们不够重视，继而对你产生不满，增加交易的难度。

2. "这套房源很抢手，希望您能抽时间赶紧来看一下，否则说不定很快就被别人买走了。"

点评：告诉买家房源抢手，不及时看房可能就被别人买走了，确实可以激发买家的危机意识，促使其尽快安排时间看房。但是在运用此方法时，一定要注意表达的语气和方式，没有事实依据的苍白表达，只会让买家误认为你是在故弄玄虚，很容易被拒绝。

3. "那好吧，那就等周末再去看了。"

点评：既然房源抢手，等周末再去看，很可能已经被买走了。此外，如果是"钥匙盘"还好，如果不是，那业主不一定周末有空去开门，怎么看房？何况，如果你总是根据买家的时间让业主变更看房时间，业主也会不高兴的。

困惑解析

和一手房销售不一样，二手房中介没法根据自己的意愿选择看房时间，而是要根据业主和买家的时间进行安排，约定一个双方都能接受的时间看房。

对于买家而言，我们同样应该在接受其委托时询问他们什么时间段比较有空看房。在与买家接触的过程中，也要多多了解其作息习惯，选择在其时间比较充足时邀约看房，他们才会有更好的看房状态。

遇到房源十分抢手而客户又说没空的情况下，要尽量让客户尽快安排时间或顺着我们预约的时间来看房，否则推迟几天就可能被其他客户抢先买走了。为了让客户意识到房源抢手这一情况，可以适当地告知客户该房源是如何的好如何的值得他抽时间来看房，同时利用第三者来烘托房源的人气，唤起客户的危机意识，促使其尽快前来看房。

正确应对示范

经纪人："郭先生，您好，我是××中介的小罗。现在有一套××花园的房源，非常适合您，您今天有时间过来看看吗？"

买　家："今天没空，周末吧。"

经纪人："郭先生，我简单给您介绍下这套房源的情况吧。这套房源是昨天业主才放的盘，是××花园的，在16楼，户型格局非常好，价格比市场价低了不少，每平方米只卖3.5万元，因为业主着急用钱。刚刚我另外一个同事也和他的买家推荐了，有两位买家中午就要来看房了。而且，这套房源不是独家委托给我们公司的，业主在其他中介也登记了，像这么好的房源，大家肯定都是做重点推荐的。如果周末再看房，恐怕会被别的买家先买下了；而且，就算到时还没成交，但看的人多了，业主想要涨价也不是不可能。我知道您很忙，但是我希望您今天能抽个时间来看看这个房子。"

买　家："那好吧，我今天抽个空去看看。"

经纪人："那请问是上午方便还是下午方便呢？"

买　家："下午吧！"

经纪人："那我们定在下午三点，行吗？"（向买家确认具体时间）

买　家："好的。"

点评：当买家推托说要周末才能看房时，为了能让买家早点安排时间看房，可以通过告知其房源抢手，激发买家看房欲望。在买家愿意安排时间看房时，最好用二选一的方式让其选择看房时间。

困惑37　要带买家去看房，业主却不愿来开门

错误应对

1. 不停地给业主打电话，预约业主开门。

点评：既然业主表示过不想前往开门的原因，死缠烂打不停地打电话预约其前往开门是不会有效果的。而且这样会影响到业主的正常作息时间，从而使得业主对你产生反感，甚至不再把房子委托给你卖。

2. 趁机要求业主留把钥匙给我们，省得浪费他们的时间。

点评：这确实是说服业主留钥匙的好机会，但是也要具体问题具体分析，如果在之前的委托中业主明确表示不肯留钥匙，那这种做法会让其更反感。

3. "威胁"业主如果不尽快来开门让买家看房，很可能就浪费了一个成交的机会。

点评：你所谓的这个"成交的机会"一定要力图对业主形成足够的吸引，否则只会让业主觉得这只是你为了让他们前来开门的小手段，从而对你失去信任。

4. "那您有时间了再和我说。"

点评：除非业主非常着急卖房，否则等业主自己主动约你看房是很难的。

困惑解析

在二手房交易中，没有经过实地看房就购买的情况几乎没有，业主对于这点也很清楚。所以，当出现有买家看房而业主却不愿来开门的情形时，要么是业主确实没有时间，要么是因为之前已经有好多买家前来看房却没有实质性的进展导致业主失去了耐心。

如果业主确实是没有时间，我们要表示理解，并询问业主何时有空方便开门。毕竟谁也不可能时时刻刻都有空，随时可以前来开门。

如果业主是因为之前好多买家来看房却没有进展而失去耐心，我们就需要让业主

相信这次的买家是非常有诚意，且成交的希望是比较大的。如我们可以告诉业主，这位买家非常有购买意向，已经看过类似的房子，朝向、格局之类的都满意，现在只是想实地看看房，满意了就会下定金。对于那些经常被买家还价特别低而导致不想开门的业主，我们应表示这位买家在价格上不会计较太多，只要房子符合其要求就可以了。总之，要让业主看到成交的可能，这样业主便会同意前往开门。

值得注意的是，对于这种情况，除非我们判断买家看中该套房子的可能性较大，才值得如此说服业主前来开门。否则，业主会认为再一次被我们骗了，那之后他们就不可能和我们合作了。

正确应对示范

经纪人："郭小姐，您好，我是××地产的小李。"

业　主："你好！"

经纪人："郭小姐，是这样的，我有个买家，我想带他来看您那套1302单元。不知道您明天方便吗？"

业　主："小李，你之前带来的那些买家都太不靠谱了，看过之后都没消息了，我都懒得再去开门了。反正看了也没用。"

经纪人："郭小姐，真的不好意思，让您之前白跑了几趟。这次的买家还是很有诚意的，他之前已经看过类似的单元了，楼层、朝向、格局等方面他都感觉满意，现在只是想再实地看看房，如果满意了就会马上下定金。所以，您看您明天是上午方便还是下午比较方便，我带买家过去看看？"（以成交的可能性大来让业主同意开门，且用选择式的提问方法敲定看房时间）

业　主："那就明天下午吧。"

经纪人："好的，那我们明天下午三点在您的房子见？"

业　主："好的。"

点评：买家来了光看房却没有任何人有购买的意向表示，确实会让业主大失所望。这个时候，成交的可能性大就足以使业主同意为你开门。而在与业主敲定看房时间时，可以采用选择式的提问方法，这样更能让业主体会到对他们的尊重，从而更愿意配合你的看房要求。

第三章　带客看房环节的困惑解析

困惑 38　要带买家去看房，买家不愿签看房书

错误应对

1. "张先生，我们公司规定，没有签看房书就不能带去看房。"

点评：拿公司规定来要求买家往往只会适得其反，因为现在消费者都很反感所谓的"公司规定"，认为那就是霸王条款。

2. 应该没事，这个买家看起来挺老实的，不像是会跑单的。

点评：买家会不会跑单不可能明明白白地写在脸上，为了确保自己的工作成果，在买家不是很抗拒的情况下，最好在看房前想办法让其签看房书。

3. 先带看，等买家看完房后再要求他们签。

点评：这种方法风险系数还是蛮高的，房地产经纪人面对的买家品行各异，如果其看房回来，仍旧不肯签字，自己和公司的利益就会受到损害。所以只有在对买家有把握的情况下，才能答应先带看之后再签看房书。

困惑解析

为了防止买家跑单，私下和业主达成交易，保证房地产经纪人及公司的利益，各个二手房中介公司都会规定带买家看房前要签看房书。然而，在我们带买家看房时，经常会遇到一些买家不愿意签看房书。有些是不明白它的作用，怕签了会让自己的利益受到损害，然而也有极小部分买家就是别有用心，准备日后跑单。为了确保自己的工作成果，要尽量说服其签看房书。

要想让买家配合签看房书，在准备带其看房时，就要诚恳地向他们说明看房书的意义所在，并表明看房书只是对看房行为的约束，前提是成交后才开始履行承诺，这对他们来说并没有任何损失。当疑虑消除了，大多数买家都会愿意配合我们在看房书上签字的。遇到一些不愿意签字的买家，应诚恳地表示这是公司的规定，一是为了规

范我们房地产经纪人带客看房的服务,二是为了确认我们房地产经纪人外出确实是带买家看房。然后强调不签看房书对自己的后果及责任,表示如果没签看房书就带买家去看房,自己会因此受到惩罚。把这些道理讲给买家听后,一般情况下他们都会配合的。

当然,也有一些买家看房前不肯签字,执意表示看房后再签。为了避免与买家的关系闹僵,在有一定把握的情况下,我们最好先表示同意。在带客看房的过程中,我们可以拍照或者录像,这样有一些"证据",买家在看房后签字可能性会增加。虽然并不提倡这种方法,但是为了避免以后发生不必要的纠纷,我们可以适当地做一些准备。

正确应对示范

经纪人:"陈先生,这是我们公司的看房书,请您在上面签个字。"

买　家:"怎么那么麻烦,还要签什么看房书。"

经纪人:"陈先生,是这样的,带买家看房前先签订看房书是我们这个行业的行规。而且,这也是一项例行的流程,我们经理要根据这个来检查我们的工作。希望您能帮个忙配合一下。"

买　家:"哦,那你这写的私下成交要交2.5%的佣金,这是什么意思?"

经纪人:"是这样的,这是为了防止万一有人跳开我们经纪人,私下同业主成交的话,我们是要追究责任的。"

买　家:"那我到时候没看到满意的,不买了,不会也要收佣金吧?"

经纪人:"当然不会啦!这只是为了以防万一,毕竟我们经纪人每天风里来雨里去的,如果辛辛苦苦带买家去看房子,买家却私下和业主成交,我们一点佣金都没得到,这对我们也不公平,您说是吧?"

买　家:"你是不信任我吗?如果成交了,我肯定会付你中介费的。"

经纪人:"陈先生,我怎么会不信任您呢?一看就知道您是个高素质的人。我希望您能理解我,如果没签看房书我就带您看房,会被公司处罚的,甚至还会被扣奖金。我们挣的是辛苦钱,很不容易的。您就帮帮忙吧。"

买　家:"那好吧。"

点评：看房书的约束力是针对经纪人、买家两方的，而不是单单束缚买家的。将看房书的约束力、保障力向其解释透彻了，他们通常都能够理解。当然，适当的示弱也不失为一种唤起其同情心的好方法。

困惑 39 买家看了几套房源后就找理由推托看房

错误应对

1. "请问您后天有空吗？业主刚好那天有空，可以看房。"

点评：由于买家之前看了几套后都不满意，现在已经不愿意再去看房了，这样问会把你直接推到买家的对立面上，结果往往是被拒绝，而且也容易让买家对你产生不满，更不利于之后的沟通。

2. "您看看您什么时候有空看房？我来安排下时间。"

点评：约看房听起来简单，其实却牵扯到经纪人、买家、业主三方的时间安排。这样的回答会让经纪人非常被动，因为买家有空时业主可能没空，或者你在那天恰巧也约了其他买家看房，如果碰到这种情况，那买家就会对你更加不满。

3. "这套房子绝对适合您，您最好能抽时间过来看看。"

点评：这种太过绝对的承诺和保证，会让买家的期望值大为提高，但是"希望越大失望也越大"，如果买家看房后仍表示不满意，那你以后要再让他们相信你就难上加难了。

困惑解析

带客看房，考验的不仅是我们的体力，更考验我们的心理承受能力。当买家看了几套房源后，就开始找理由推托看房，甚至出现我们再次致电邀约其看房时明显表示出不耐烦的情形。买家之所以推托看房，不外乎以下三种原因：

（1）买家对我们不信任。如果在与买家的沟通过程中出现一些差错，可能导致其对我们产生不信任感，那么他们就会不情愿继续与我们合作，从而在我们邀约看房时找理由推托。的确，三番两次看房，却一次都没有看到满意的房子，买家难免会失望，甚至怀疑我们不专业、我们公司没有好房源。我们千万不能就此失去信心，而应检讨我们在房源匹配、推介甚至带看过程中的过失，找出其中的关键原因所在，重新设定推介方向，提升推介水准。

（2）买家处于观望态势。买家对市场持观望态度，暂时不想出手，只是想通过看房来了解市场行情。对于这种情况，需要在沟通时向买家传递一些房地产市场方面的情况，让其了解目前的房地产市场。可以以"专家建议"或他人的经历这样的方式来推动买家出手。

（3）买家想再三比较。买家已经在其他中介处看上了某套房子，只是价格还没有谈拢，所以就不断地看房，希望能找到一套"物美价廉"的房子。对于这种情况，需要引导买家说出具体房源，然后通过分析该房源能更清楚买家的购房需求和关注点，从而更好地向其推介类似房源，以提高带看的成功率。

不管是什么情况，由于买家已经表现出不情愿看房的情绪，在没有真正了解其真实需求，没有找到符合其真实需求的房源之前，不要随意去邀约买家看房。有了适合的房源要邀约他们前来看房时，也需要掌握一定的技巧，如告知买家业主是由于工作调动而卖房，前一位买家由于资金不足而放弃的好房源，业主急需用钱而紧急出让等情况，激发其前往看房的欲望，同时劝说买家好房子只有自己看了才知道，以此来邀约其看房。在邀约时，一定要让买家自己选择看房时间，表示出充分尊重他们的选择。有一点需要十分注意，这时所选择的房源一定要符合买家的要求，推介时也要根据买家的关注重点来介绍，这样才能挽回买家对自己的信任。

正确应对示范

经纪人："郭总，您好！我是××房产的小陈。"

买　家："小陈，你好。"

经纪人："郭总，是这样的，最近我们店里刚收了一套优质房源，不知道您明天有没有时间，我带您去看看？"

买　家："明天我没时间，再说了，你都带我看了不下五套房子了，没一套让我满意。"

经纪人:"郭总,真的很不好意思。不过这套房子不同,业主本来根本没打算卖房,由于他公司周转不灵急需一笔钱,昨天才委托我们出售的。我一见这套房子格局好、装修也新,各方面都挺符合您的要求,价格也合理,所以第一时间就通知您了。"

买　家:"哦……"(买家有些犹豫)

经纪人:"当然了,光我嘴上说好也没用,房子好不好还得您自己看了才行。您看您明天上午方便还是下午方便呢?我跟业主说一声。"

买　家:"上午吧。"

经纪人:"那行,我们明天上午见,十点可以吗?"

买　家:"好。"

点评:买家看了数套房源都没有找到满意的,一定会心生厌烦,这种情绪如果不能及时平复,将会对之后的交流沟通产生极坏的影响。如何重燃买家的兴趣与热情,就看经纪人的专业能力了。本案例中,经纪人告知买家业主是急需钱才出售房产这个情况,就会让买家觉得有"价廉物美"的好房源;再加上相对宽松的看房时间选择安排也会让其稍感放松。

困惑 40　买家看了很多房源都感觉不满意

错误应对

1. 把认为适合买家的房源都推介给买家并带看了,如果其还不满意,那就算了。

点评:你认为适合的,买家不一定认为是适合的。如果没能把握住他们的需求,即使看了再多房子也没用。

2. 认为买家有意刁难,观察一段时间后如果仍旧没有进展,就渐渐放弃。

点评:购置房产是件大事,买家自然也会十分谨慎,对房子特别挑剔是理所当然的。在与其沟通时,经纪人要弄清买家的真正需求,从刚需上做文章才能有所收获。

3. 买家挑剔是正常的,要坚持到底,再多带看一些房源总会有一套买家满意的。

点评：有恒心是对的，但也要讲方法。要好好分析买家为什么看了那么多套都不满意，而不能只是盲目地带看，否则看再多也没用，他们也会厌烦的。

困惑解析

在购房时，买家表现得谨慎是很正常的，也是情理之中的事。当买家看了很多房子都不满意时，不能太过于急躁，更不能就此认为这是在有意刁难，或者认为他们根本就没有购房的意思。这时，我们最应该做的是：暂时停下带看的计划，弄清买家对这些房子不满意的地方在哪里，原因是什么。

一般而言，买家看了很多房子都不满意，原因可能有下列两种，需要根据不同的原因去调整我们的策略：

一是没有摸清买家的真实需求，总是带买家去看些不符合其需求的房源；或者所带看的房源价格太高，超出买家的购买预算。对于这种情况，必须重新挖掘买家的需求，重新匹配房源，找到真正适合他们的房源再带看。如果不及时调整自己的推介方向，不但不能达成交易，甚至会让其对我们的专业水准产生怀疑，对我们失去信心。

二是推介方式有误，无法抓住买家的真实需求和关注点。对于这种情况，必须调整推介方式，以其为中心，根据买家的喜好、需求来进行介绍，而不是自顾自地一路解说下去。

不论是哪种情况导致买家看了很多房源都不满意，都不能轻易放弃，而是要通过观察和沟通，挖掘他们的真实需求和关注重点，再根据其需求来推介适合的房子，提高推介的成功率。

正确应对示范

经纪人："李哥，您觉得这套房子如何？"

买　家："就这样的房子还要370万元？楼层那么低，小区环境也一般。"

经纪人："李哥，您还是趋向于买高楼层的是吧？说实话，我觉得昨天咱们看过的××山庄那套房子各方面条件都挺好，我看您也挺喜欢的。您能告诉我为什么不满意吗？"

第三章　带客看房环节的困惑解析

买　　家："怎么说呢，××山庄那套房子是还好，就是价格和我们的预计出入太大。而且，现在房贷收紧的预期越来越明显，说不定房价很快就跌下来了。我还是先等等，看看市场情况再动手。"

经纪人："是的，李哥，房贷收紧，对房地产市场确实有一定的影响，但影响不是很大。国家的本意是抑制投机购房，抑制炒房，但刚性需求还是非常大的，尤其像我们这样的大城市；再者最为重要的是，经历过2008年房价下跌后报复性上涨的业主，他们也不愿意卖房了，都想等着房价上涨时再出手，以至于市场上的好房源越来越少了。所以，对于自住购房的，有合适的房子该出手就要出手。既然您喜欢××山庄的那套房子，要不我们找个时间再去看看，价钱上我和业主商量商量，看看能不能有所让步，您看怎么样？"

买　　家："那好吧，下午我再带我太太看看房子。"

点评：当买家表现出犹豫、观望的情绪时，有经验的房地产经纪人绝对不会就此怀疑买家的购买诚意或者能力，更不可能在言语或者举止上对其表现出不耐烦或是看不起，而是会通过自己对房产行业的了解向他们做出合理的分析。

困惑41　看房时业主与买家间竟然偷偷递纸条

> 错误应对

1. 装作没有看见。

点评：现在装作没看见，到时如果买家跑单再后悔就来不及了。为了维护自己的合法利益去制止这种行为，不用顾忌太多。而且，如果不制止这种行为，业主或买家可能会认为这样做没关系，跳单的可能性就会更大。

2. "你们不能这么做！"当场喝止这种行为，并且夺过纸条。

点评：这种做法显得对买家或者业主不够尊重，递纸条的一方很可能恼羞成怒，交易也可能就此终止。不管遇到什么样的状况，作为居间服务的房地产经纪人，还是要表现出自己的职业素养。

3. 没事，已经签了看房书，再递纸条也不怕他们跑单。

点评：看房书等都是防君子难防小人的，有些刻意想跳单的人，在签看房书前肯定就有所准备，他们所签署的看楼书里的姓名等资料都有可能不是本人的。这种不合法的行为一定要立刻制止。

困惑解析

带客看房时，有些买家会与业主偷偷递纸条。出现这种行为，基本上可以认定他们想跳过经纪人交易。因此，为了维护自己的利益，要懂得巧妙处理这种棘手的问题。

首先是不能装作没看见，或者认为买家已经签了看房书，递个纸条无关紧要。要知道，他们能这么做，那在签看房书前肯定就有所准备，其所签署的看房书里的姓名等资料都有可能是伪造的。而且，就算事后通过法律途径维护了自己权益，但同样也会为此付出巨大的成本（包括时间成本、诉讼成本等）。

其次是要顾及客户的感受，不能当场戳穿。不管遇到什么样的状况，我们还是要顾及买家、业主的感受，否则惹得客户恼羞成怒交易因此终止，对我们也没有好处。具体来说，我们可以软硬兼施，先用公司规定"不允许买卖双方在签约前互留电话"为由拿过纸条，继而向他们诉说自己的苦衷，如做中介很不容易请他们尊重我们的劳动成果。

还有一点需要注意，当其中一方向另外一方递纸条时，可能另一方根本没有私下交易的意愿，所以我们在制止这种行为时，一定要注意保护没有意愿跳单的这一方，以免他们受到无谓的牵连。

正确应对示范1

事前防范：

经纪人："吴小姐，等会我们上去看的这套房子，业主是我好朋友的亲戚，他人挺好相处的，也非常诚信。"

经纪人："张先生，等会来看房子的那位买家，是我好朋友的同事，他为人挺好的，也非常诚信。对了，看房时最好不要有太多家人在场，以免显得太过拥挤，这样比较不利于成交。"

点评：防患于未然的做法一定要是双向的，因为递纸条的不一定就是其中一方。提醒时，话不能说得太过直白，否则会让买家或者业主误认为你觉得他们不够诚信。

正确应对示范2

事情发生后巧妙制止：

经纪人："王先生，您可能不太了解，在合同签约前，您和刘先生暂时还不能互留电话。王先生，您能把手中的东西先让我保管吗？"

经纪人："王先生，刚才实在不好意思，我知道您没有恶意，但您也知道，我们干中介的也很不容易，到处找房子陪买家看房子，就是为了这一点佣金，还希望您能理解。刘先生是我的老客户了，价格方面我一定会尽量帮您去谈的。"

点评：私留联系方式的行为一定要即刻制止，但是话一定要说得委婉，不能让递纸条的一方当场勃然大怒。事后，还可以向其表示一下歉意，以使其产生愧疚的心理，并且打消其再次向业主递纸条的念头。

正确应对示范3

事后控制：

经纪人："王先生，您等会和我一起走吧，我想和您谈谈今天看房的情况……刘先生，那我们先走了，王先生会回去考虑考虑。有什么情况我会打电话给您的，谢谢您今天抽空来开门。"

点评：带客看房时，若发现业主与买家传递纸条，要很明确地表示自己是买卖双方的中间人，会负责联系与沟通。这样，只要不是故意跳单的，为了自己的自尊，他们也不至于再难为经纪人。

困惑 42　看房时如何避免业主和买家当场谈价格

错误应对

1. "我们已经签了看房书（委托书），私下交易是有法律风险的。"（用看房书或委托书提醒买卖双方私下交易的后果）

点评：给买卖双方打预防针是为了避免他们在看房过程中进行谈价，但是如果一开始就以这种条款来约束他们，他们会认为你对他们不够信任和尊重，对你产生不满。而且，当场谈价格并不属于私下交易的行为。

2. "等会看房时，不要当场谈价格，否则很难谈拢的。"（只对其中一方说）

点评：谁会当场谈价并没有明明白白地写在脸上，如果只跟其中一方打预防针，而另外一方却趁机谈价议价，同样会影响交易的顺利进行。

3. "提醒下，我们公司规定，带看时买卖双方不能当场谈价格。"

点评：这样说话太直接了，容易引发客户的不满：为什么不让当场谈价格，是不是你们想吃差价或有什么猫腻？

困惑解析

应该说，房价是一个非常敏感的话题。曾经看到一位同行发的帖子，他说自己有天下午带一个买家去看房，买家很是挑剔，无意中说了句"这么烂的房子还敢开这么高的价"，惹得早就有点不耐烦的业主火冒三丈，立马一记上勾拳奉上。看房，最后却把120、110都给看来了。

关于价格，有一点非常重要，那就是避免买卖双方在看房现场直接谈价格。看房时买卖双方当场谈价格通常是很难谈拢的，因为缺少了中介这个缓冲。一旦谈不拢，就可能因为谈得面红耳赤而破坏原本和谐的氛围，给看房造成不必要的麻烦。以"业主→中介→买家"这种以中介为核心的谈价方式，较易成功。

第三章 带客看房环节的困惑解析

为了避免这种情况的发生,在带买家看房前,或者说在邀约看房时,最好先给买卖双方打下"预防针"。简单说,就是在看房前先告知一些在看房过程中应该注意的相关事项,包括:看房当场不能谈价;不要对房子表现出过多的喜欢或不满;双方不能互留名片或联系方式等,以免出现不愉快的情况。对于报价,要和业主沟通好,我们报的价格是多少,因为通常情况下经纪人的报价都要比实际卖价高一点点,以便为买家砍价留下空间;如果事先没有沟通好,一旦买家问业主价钱,业主脱口就把底价说出来,那么买家就会对我们产生反感,觉得我们欺骗了他们或者我们在吃"差价",交易就很难继续了。

在给买家和业主打"预防针"时,要表明自己是站在他们的立场上为他们考虑,告诉他们在现场直接谈价可能产生的不良影响,或者不直接谈价对成交的有利帮助。为了增加说服力,可以运用例证法,引用其他类似的真实案例,让客户清楚地认识到这些做法的利与弊。

正确应对示范1

经纪人:"杨姐,今天上午十一点我带买家来看您的房子,您直接在楼上等我们就行。"

业　主:"好的,你们到了直接上来就可以。"

经纪人:"好的。对了,有件事我得和您说一下,这位买家很能讲价。上次带他去看房,他当场就同业主砍价,结果弄得双方都不开心,业主气得不行。一会看房时,如果他问您这套房子多少钱,您就同他说已经交给中介了,让他直接同我谈就可以了。毕竟我们在谈价这方面的经验多一点,比较好控制。到时候我一定为您争取到一个好价格。"

业　主:"好,谢谢。"

点评:在带看前向业主提醒相关注意事项时,一定要注意自己的语气语调和说话方式,要让对方觉得你是站在他们的立场上,为了维护其利益而作努力。这样,对方才会更愿意配合。

正确应对示范2

经纪人："刘先生，今天上午十点五十分我在××花园旁边的便利超市等您，然后再带您上楼。"

买　家："好的。"

经纪人："对了，有一件事我想同您说一下，这个业主很精明，您看房时最好不要表现出对房子很满意的样子，也不要同他谈价钱，上一次我带来的一位买家很喜欢这套房子，就直接同他谈价钱，业主死活不肯降价，弄得后面我们想砍价都很难。您看完房子后，有什么想法可以跟我提，我会尽量帮您争取一个合理的价钱的。"

买　家："谢谢提醒，等会儿见。"

点评：以"业主不好议价"为由给买家打预防针，并辅以之前买家的失败案例，就更容易让其信服，从而避免了当场议价行为的发生。

困惑43　看房后如何防止买家回头又去找业主

错误应对

1. "张先生，您慢走，再见！"（买家离开后自己也便离开）

点评：如果买家有心想自己再去找业主，他们可能会在和你告辞后找个地方等待几分钟，待你离开之后再折回。所以在看完房送买家走时一定要送上车，看着其坐车离开后，自己才能安心离去。

2. 没事，买家已经签了看房书，不敢私下交易的。

点评：在利益面前，有些买家明知道有风险却还是会去这么做的。就算你后面通过法律手段挽回了部分损失，也是需要耗费精力和时间的。

第三章　带客看房环节的困惑解析

困惑解析

有些房地产经纪人为了避免这种事情的发生，会先留下来同业主交谈。其实这种做法并不可取。

最好的办法是，看完房后，不要只顾着和买家说"再见"，就好像我们的工作已经完成了似的。买家确实是需要时间，但他们为什么需要考虑呢？这是因为，其还有许多的疑虑或者说顾虑。如果让买家带着这些疑虑或者顾虑回家，很有可能就会出于谨慎心理而选择放弃。因此，在看完房子后，我们最好能够把买家再次请回公司作进一步的洽谈，帮助他们解决购买的障碍。由于已经看过房子，此次洽谈往往会更有针对性，更容易探讨实质性的问题。即使不能说服买家，我们也能通过洽谈更好地了解他们，知道其更注重哪方面的问题，从而在下次推介房源时更加具有针对性。

如果买家不愿再和我们回公司洽谈，那么我们可以先陪同他们下楼，把他们送上车直至离开。在与买家告别后，我们不要急于离开，可在小区逗留10～15分钟，防止比较执着的买家回来找业主，甚至可以利用这段时间，向小区保安了解最近是否有其他中介带买家来看这套房源，以掌握竞争对手的情况。

正确应对示范1

防止买家折回。

经纪人："宋小姐，您看了这套房子，感觉怎么样？"

买　家："朝向不是很好，感觉屋内有点暗。"

经纪人："您会觉得屋内有些暗是因为今天是阴天，所以光线比较不足，如果今天出太阳，把窗帘一拉，屋里是非常明亮的。如果您有兴趣，我们可以挑个天气好的时候再过来。"

买　家："还有没有其他房子推荐？"

经纪人："有的，这附近还有一套。要不我们先到店里坐一下，喝口茶，我和业主约一下，好吧？"

买　家："哦，现在我还有事，您约好时间后再和我说吧。"

经纪人："这样，那好的，和业主约好时间后我和您联系。我就不送您了，等会还有位买家要来看这套房子，我得在这儿等他。"

买　家："不客气，再见。"

点评：有经验的经纪人可以迂回地暗示其房子人气很高，马上还有买家过来看房，自己要就地等他，这样就能有效地防止他们折回来找业主了。

正确应对示范2

遇到买家折回欲找业主的情况。

经纪人："咦，刘姐，这么巧，怎么您也有东西落在上面吗？我都走到车站了，才发现自己一个文件落在了刘先生家里。您把什么东西忘了呀？"

买　家："……没呢，我只是想回来看一下小区的环境。"

经纪人："我对这个小区很熟悉，正好我现在也没事，不如我陪您看看吧，顺便向您介绍一下这个小区。"

点评：遇到买家折回的情况，经纪人应主动上前询问买家折返需要解决的问题，并尽力为其解决。

困惑44　买家对我们的讲解好像没有什么兴趣

错误应对

1．（算了，买家没兴趣就不说了）"要不你们先自己看看，有什么问题再问我……"

点评：买家为什么会对你的讲解没有兴趣？这时应多从自己身上找原因，不断提升自己的专业技能。

2．（继续按自己设定的一套模式讲解下去）"这套房子……"

点评：买家都表现出没有兴趣了，再继续这么讲解只能让其感觉乏味，根本激发不了他们的兴趣。

第三章 带客看房环节的困惑解析

困惑解析

我们带客看房不是简单的陪同买家看房,更不是跟从,而是要像导游一样,积极热情地为其讲解,将房源的卖点充分展现给买家,以激发他们的购买欲望。而我们的讲解是否成功,关键在于买家是否接受。即使我们介绍得再好,如果买家不接受,那也是徒劳。也就是说,在向买家讲解时,我们应以其为中心,根据他们的喜好、需求来进行介绍,而不是自顾自地一路说下去。

(1) 抓住买家的关注重点。有些房地产经纪人在进行介绍时,总是根据自己设定好的一套模式进行。在这种情况下,如果买家的关注点或者说是喜好与我们所极力推介的卖点并不一致,那么不但不能获得他们的关注,反而会让其觉得厌烦,购买欲望自然也就会大大降低了。甚至,我们所谓的卖点很可能就成为了买家眼中的缺点。

买　家:"这里还挺安静的……"

经纪人:"王先生,不用担心现在这里太安静,您看,对面正在建的就是××家居广场,到时候这里就非常繁华了……"

买　家:"哦,对不起,我就是因为现在的房子太吵,才想换一套安静点的。"

在上面这个案例中,这位房地产经纪人自认为未来的繁华就是该房子的一个卖点,却没有考虑到买家想要的并不是繁华,而是安静。结果反而让其客观失去了兴趣。

因此,请记住:在介绍时,千万不要尝试去左右买家的购买意愿,而应当向其客观描述房源的情况,这样买家才会坦然接受。

(2) 用买家接受的方式沟通。每个人的兴趣爱好不一样,沟通方式也不一样。有的人喜欢说话爽快的,有的人喜欢说话含蓄的;有的人喜欢平铺直叙,有的人喜欢饱含深情。因此,我们在讲解时要因人而异,用买家接受的方式来解说。

第一种方式:您看,这套房子真的很气派,客厅挑高设计,并且宽度达到了6米,配上落地窗,全采光、宽视野……

第二种方式:这套房子真是气派无比,您想想,在大大的落地窗旁边喝咖啡看杂志，把头深深地埋在大软沙发中的感觉，是何等的快意……

如果你是买家，上面哪种介绍方式会让你更容易接受？如果你喜欢第一种介绍方式，那很可能你在购物时更为感性，对你来说多使用感性的描述更能激发你的兴趣；如果你喜欢第二种介绍方式，那很可能你在购物时更为理性，对你来说多使用理性的描述更能激发你的兴趣。

因此，为了更有效地向买家推介房源，激发其兴趣，我们一定要先了解对方的接受方式。只要用买家接受的方式进行沟通，才会收到意想不到的效果。

（3）与买家互动交流。沟通是双向的，而不是一方说一方听。在整个讲解过程中，如果只有我们一个人讲，而买家只是听，谈话就会容易缺乏互动，继而让其感觉厌烦。如果能适当调动买家的兴趣，让他们参与到我们的介绍活动中来，那么不仅可以使我们的介绍更容易被买家接受，而且也会使双方的交流更加的舒适自然，我们的压力也会相应减小。因此，在讲解时，我们一定不要忘了和买家互动，让他们亲自参与体验，才会感受深刻。

1）问问题，让买家参与。有经验的经纪人一定会避免一个人唱独角戏的情况出现，会尽量让买家参与进来。发问会让买家参与其中，对产品的感受也更加深刻。在讲解时，只有不断和他们互动，及时发问，让买家多说，才会了解其想法并很好地理解他们的思维。一场二十分钟的独白远远不如十分钟的对话更有效。

2）注意买家的反应。在向买家讲解房源时，我们不仅要语气温婉有礼，介绍详细周到，还要注意观察买家的表情态度，注意其反应，从而更了解买家需求以便进行针对性的介绍。如当买家表现出对地段比较关注时，我们就应着重说明交通的便利性及强调房子其他的优点；如果买家较关心子女的入托入学问题，我们就应帮助其分析小区周边的学校情况。

3）配合买家的反应。消费者的类型有许多种，有的是慎重型，他们往往受房地产经纪人的影响不大，他们更接受书面的资料数据这样的介绍方式，对这种买家可以在讲解时加入数据资料以达到较好的效果；有的是率直型，他们多以自己的判断和熟人的介绍作为参考，向他们讲解时应抓住重点，不要啰唆；有的是犹豫型，他们一般不太擅长做决定，针对此类买家应向其作详细的讲解，帮他们下决心。

总之，在讲解过程中，我们应针对不同类型的消费者调整自己的相处方式，这样才可能让沟通更为有效。

第三章　带客看房环节的困惑解析

4）回答买家的疑问。买家向我们提出询问是常有的事。他们可能会提出有关交易的问题，也可能提出与房源有关的问题，或是乘车路线、购物等一些生活上的琐事。对此，我们应该以诚相待，做到有问必答，尽量满足他们的需求。

5）让买家积极响应。在讲解时，我们应尽量让买家的回应简洁。如可以问买家："对不对？""您相信吗？""很好，您觉得呢？"如果买家相信了那些优点，他们是很愿意给予赞同的。我们得到的这种赞同越多，买家与我们之间取得的一致性就越高，那么愿意购买的可能性就越大。

6）与买家产生共鸣感。如果我们的观点能得到买家的认同，当然是一件乐事。当我们与买家产生共鸣时，我们就会愉快地继续讲解。而当我们的观点不被买家认同时，我们的讲解也许就会难以进行下去。因此，在适当时可以点头表示对买家的赞同或站在买家的立场来考虑问题，这样可以增加我们与买家之间的情感，以使工作更顺利地开展下去。

正确应对示范

买　家："我感觉，这套房子一般，没什么特别的。"

经纪人："是的，表面上看起来这套房子和其他房子确实没有什么两样。杨姐，早上我们在聊天时，发现您对孩子的成长环境非常重视。那么，你可知道，它的业主是谁？住在这个小区里的人都是谁？这些房子全部是市政府分配给老干部的，现在，这里是二手房买卖最不活跃的片区，因为如果没有特殊原因，是没有人愿意出售的。要不是业主因为工作调动到上海，这套房子是不可能拿出来卖的。"

买　家："真的？难怪我觉得这个小区怎么这么安静。"

点评：只有抓住了客户的需求，为客户解决了主要的问题，销售工作才会容易开展下去。

第四章

房源推介环节的困惑解析

困惑 45 "一般吧，不怎么样"

错误应对

1."不会吧？这房子还叫一般？"

点评：这样反问会让买家听起来非常不舒服，你觉得好，买家并不一定就觉得合适自己。

2."好吧，要不我们再去看看××小区的那套三房？"

点评：买家是真的觉得"一般"？真的不喜欢这套房子吗？买家是因为什么不喜欢？这些问题你都没搞明白，只是一味地带看，那基本上是白费精力了。不了解买家的需求，就无法引导买家，更无法说服他们。

3.算了，既然买家不喜欢，那就再找找其他房源。

点评：可以说初入职的房地产经纪人很容易产生这种想法。其实很少会有买家直接告诉说"这套很好，就这套了"。毕竟很难买到完全符合预想的商品。

第四章　房源推介环节的困惑解析

困惑解析

当我们询问买家"刚刚看的那套房子，你觉得怎么样"时，有些买家往往会说"一般吧，不怎么样"。那么买家真的是觉得不怎么样吗？

根据行业调查得出，60%的买家口中所说的反对理由，并非是真正的反对理由。也就是说，买家异议分为真异议和假异议。"真异议"，是指其所提出的异议是他们内心的真实想法或者他们的真实反对原因。"假异议"，是指其所提出的异议其实并不是他们内心的真实想法，只是他们在购买洽谈中应用的一个方法而已。出于各种原因，人们往往表达出假异议，而没有表达出真正的不同意见。

当买家回答说"（这套房子）一般吧，不怎么样"时，我们首先需要做的不是去想着如何应对买家的这个异议，而是要了解他们到底为什么会说这套房子"不怎么样"，为什么会有这样的异议。

有的买家在与我们洽谈时，往往不表达出其真实的想法或者看法，而提出一个假的异议。这时，如果我们不能确定买家真实的异议是什么，没有找出其真正的反对理由，只是根据对方说的理由来处理问题，就好像"瞄目标射错靶"一样，恐怕努力了半天，不仅浪费的时间和精力，最后的效果也只是零。因此，当买家提出异议时，我们首先应了解对方真正拒绝的理由，洞悉其异议背后的"真相"。

"不懂就问"，当我们不了解买家的真实想法时，不妨大胆直接地发问。需要注意的是，像买家说实话一样，我们的发问也需要讲究一定的方式和技巧，最好根据每个买家的谈话方式，设定合适的提问内容，否则他们很难找到真实的原因。当我们问"为什么"时，买家很可能会有以下反应：

（1）他们会回答自己提出反对意见的理由，说出自己内心的想法。

（2）他们可能会再次检视自己提出的反对意见是否妥当。

此时，我们就能听到买家真实的反对原因，并明确地把握住反对的方面，从而能有较多的时间去思考如何处理买家的反对意见。

正确应对示范

经纪人："刘姐，刚刚看的那套房子，您觉得怎么样？"

买　家："一般吧，不怎么样。"

经纪人："刘姐，您能具体说说哪方面不理想吗？"

买　家："嗯，别的还好吧，就是面积太大了，算起来总价就高了，我担心我的首付不够。"

经纪人："哦，是这样的。刘姐，您能告诉我您能接受的首付是多少吗？"

买　家："200万元吧。"

经纪人："刘姐，这是您的第一套房吧？"

买　家："是的，怎么了？"

经纪人："是这样，刘姐，现在首套房和二套房的首付比例不一样，首套房只需要首付百分之二十就够了。而且，二手房按揭，是根据评估价来确定的，而不是成交价。您看这样可以吗，我们这边很多买家的按揭都是在××银行做的，我现在给银行工作人员打个电话，看看这套房子能贷多少钱，然后我们再来考虑首付的问题，好吗？"

买　家："嗯，这样最好不过了。"

点评：买家说"不怎么样"，是不满意环境，还是不满意户型或楼层？如果不通过具体的询问，那么我们是不会知道其中的原因。只有找出买家真正不满意的地方，我们才能对症下药，真正帮买家解决问题。

困惑46　"这位置太偏了，生活不方便"

错误应对

1. "不会的，怎么会偏呢？其他买家都没这样说。"

点评：如果位置确实比较偏，再怎么极力否认和掩饰都是没有用的。而且"其他买家都没这样说"这样的话，似乎有责怪买家的意思，暗示其太过挑剔，容易引起他们的不满。

2. "这个位置您都觉得偏，那您想要多繁华的地方？"

第四章　房源推介环节的困惑解析

点评：这样反问的语气会让买家觉得你很没有礼貌，而且略带讽刺的意味，不仅对消除买家的顾虑没有任何帮助，而且容易引起他们的不满。

3. "正是因为位置比较偏，所以价格才会这么便宜。"

点评：用价格优势来弱化位置偏远这一劣势的做法会减弱了说服力。

困惑解析

随着"城市化"的发展，我国的城市规模越来越大，以前的远郊地区变成了开发重点区域。对于一些尚未完全发展繁荣起来的市郊区域，很多购房者都会有"这里太偏了""生活不方便"之类的顾虑。面对买家的这类顾虑，房地产经纪人该如何应对呢？

"地段、地段还是地段"，这是房地产行业内的一句流行语，足以可见地段对于房产价值的重要性。要知道，地段的好与坏，直接影响着日后生活的便利程度以及房屋的升值潜力。有时候，处于同一街道的不同位置的项目，南边的房子就好卖，北边的房子就不好卖。

当我们带买家去看房时，买家最先感受到的往往是房源的位置，也就是所处的地段。对于他们的这类顾虑，我们可以从另外一个角度去看待位置偏远的情况，如对于较为偏僻的地段，我们可以从未来市政规划及巨大升值潜力等角度去说明地段的价值，以及居住环境安静、空气清新的角度来说服买家，引导其从不同角度来看待房源的各种特点。

需要注意的是，对于买家所提出的"位置偏"这类顾虑，我们千万不要牵强否定。这样会给买家不信任的感觉，毕竟如果地段的好坏是一件显而易见的事，所以我们完全没有必要刻意隐瞒。

对于如何解释房源存在的不足之处，主要是要学会避重就轻。这里所说的避重就轻，不是刻意隐瞒缺点或过分夸大优点，而是要学会采用"负正法"来抵消买家的不满。所谓的"负正法"，就是先说出房源的缺点，然后再根据这个缺点进行说明，以证明这个缺点并非不可弥补的。

⊙ 负正法

所谓"负正法",就是先说出产品的缺点,然后再根据这个缺点进行说明,以证明这个缺点并非不可弥补,业内人士常用"虽然……但是……"的句式来表达。

心理学家认为,在倾听的过程中,人们更容易注意"但是"后面的内容。如果先说缺点再说优点,那么缺点会被缩小,反之则放大。因此,在推介房源时,需要记住这个公式:先说缺点再说优点等于优点,先说优点再说缺点等于缺点。如:

说法一:"小区虽然相对偏僻,但是环境很好。"

说法二:"小区的环境很好,就是偏僻了点。"

以上两种说法,哪一种买家更容易接受呢?第一句是先介绍缺点,再说优点;第二句是先说优点,再说缺点。很显然,第一句更能让买家接受。

正确应对示范1

买　家:"这里也太偏了吧,离市区那么远!"

经纪人:"是这样的,张姐,可能您觉得距离市中心有一点远,但是现代社会衡量路程的远近,不是看距离的长短,关键是看附近道路的状况,交通的状况,说白了就是打一个时间差。举个最简单的例子:您从××西路到××广场,距离近吧,开慢一点也就是七八分钟路程。但是如果遇上红灯,车流堵车,那您三十分钟也不一定到。但是从我们这里到××广场也不过就十分钟的时间。您也知道,这里是双向六车道的,一路上都没有红灯,从××广场过来可谓是一马平川。"

买　家:"开车是快,不过这里终归不是市中心。"

经纪人:"张姐,很多买家买这里的房子,都是冲着环境来的,我想您也是一样的吧?之前都是有钱人住城里,现在却反过来了,有钱人住郊区,没钱人才住城里。为什么呢?因为郊区环境好,空气清新。在市中心,您能找到这么好的环境,这么低的价位吗?您看我们小区边上就是美丽的××湖、××山,这可都是自然的风光带;至于人文环境更不用说了,××大学、××一中都在边上。可以说,无论是自然环境,还是人文

第四章　房源推介环节的困惑解析

环境，这里都是一流的，可谓是人杰地灵。您住在这里，不光是拥有了一套高大上的住宅，一个优美的环境，更重要的是您拥有了健康的身体、舒适的生活。"

正确应对示范2

买　家："这里太偏了，像乡下一样。"

经纪人："是的，杨先生，这里目前确实是不如市中心繁华。不过，这是暂时的，再过几年××区政府就要搬到这里来了，很快就会繁华起来的。"

买　家："说是要搬迁，可是到现在也没听到动静。"

经纪人："杨先生，您放心，××区政府搬迁到这里已经是铁定的事实了。您看，前两天的日报上还特意刊登了新区的规划方案。买房就是买预期，如果等到区政府搬迁过来了，这里发展繁荣起来了，房价就不是现在这个价格了。再说，××花园三年前谁都说远了，可今天怎样呢？当时的房价才15000多，现在呢，起码也得45000吧？杨先生，现在城市建设太快了，再过三年这里将是另一番景象，××大桥建成通车，三环线开通，我们与市中心的距离一下子就缩短了。到时，这里的房价肯定就像当时的××花园一样成倍增长，现在不买到时后悔都来不及了。"

买　家："可是这区政府搬迁也没那么快，现在这里还那么偏僻，起码最近两三年我们生活肯定是非常不方便的。"

经纪人："这您就更不用担心了，政府在规划设计时已经充分考虑到这个问题了。您看，这里是规划的商业街，面积有1万多平方米，现在××超市都在商谈入驻的问题了。"

困惑47　"靠近马路（机场），太吵了"

错误应对

1. "只是白天比较吵，晚上就不会了。"

点评：这样解释不但缺乏说服力（就算白天一般都上班，周末或休息在家时照样会影响到买家的生活作息），同时又让买家感觉到这是一个无法弥补的问题。

2．"还好，毕竟这条路车辆不是很多，不会很吵。"

点评：如果车辆确实不多，那这么说是没什么错的。但如果情况不属实，那就等于在欺骗买家了，他们会对你产生不满，继而对你失去信任。

3．"确实是吵了点，但是价格也便宜。"

点评：这是用负正法来帮助买家分清主次，但是"吵"这个缺点是可以通过一些措施来补救的，最好告诉买家一些降低噪声的方法。

4．"照样有很多人住在这里，住一段时间就习惯了。"

点评：让买家去习惯"吵"这一缺点是非常错误的说法，买家如果不是非常喜欢这套房子，是没有必要委屈自己去习惯"吵"的。

困惑解析

靠近马路、铁路等地方的房源，大部分买家的第一反应都是怕很吵，影响自己的正常生活。应该说，靠近马路、铁路等地方的房子相对小区内侧的房子来说必然会有"吵"这个问题，对此我们不要极力否认，而是要告诉买家这是可以解决的问题。

首先，我们可以告诉买家，这个缺点只要通过一些小小的改造措施就能补救，如只要安装一个双层隔声玻璃（最好向买家推荐一些有较强隔声功能的玻璃窗），窗户一关，就可以把大部分噪声挡在窗外，再也不用为"吵"而烦恼了。如果马路边上有绿化，也可以作为说服买家的工具，向他们表示绿化有降低噪声的功能。

其次，我们要充分利用负正法来帮买家分清主次。靠近马路的房子当然价格也比较低，通常每平方米要比同样户型向小区内侧的房子便宜好几千，而且视野也更开阔，采光性相对来说也更好。在向买家分析时，我们最好用一些具体的数字来帮买家分析，如内侧的房子每平方米50000元，这一套只要45000元，以100平方米的面积来计算，足足可以省下50万元。如果买家是打算投资，那么我们就更要着重强调价格优势，以低价取胜。

第四章 房源推介环节的困惑解析

> **正确应对示范1**

对于自住的买家：

买　　家："马路第一排，太吵了。"

经纪人："张小姐，其实这条路的车流量不大，也不会有大型车经过，我们平时都在公司上班，晚上回来时就安静了很多。如果您还是怕吵，我建议您可以安装一个双层隔声玻璃，我有一个朋友也买了一套靠近马路的房子，就是××路边上的那个××山庄，那里比这边更吵吧，××路车流量可比这大多了，可是他在装修时请师傅安装了这样的玻璃，窗户一关，就基本上听不到外面的噪声了。"（告诉买家这个缺点是可以补救的）

买　　家："能行吗？"

经纪人："没问题的，我可以问一下我那个朋友，看他装的是哪种隔声玻璃。而且，您也发现了，这栋楼的房价要低好多，每平方米低了2000元，一套就便宜了20多万元，非常划算的。况且，这套房子还在十楼，视野也非常好，采光也一流，总的来说，性价比还是非常高的。"

> **正确应对示范2**

对于投资的买家：

买　　家："这套房子就在马路边上，太吵了。"

经纪人："张小姐，刚才您说您是想买来出租，那么这套房子就再适合不过了。正因为路边比较吵，所以价格也很低，每平方米比小区内侧的房子低了800元，按100平方米的总面积来说，您足足省下了8万元，经济实惠何乐而不为呢？"（强调价格优势）

买　　家："出租的人嫌吵怎么办？"

经纪人："这个您不用担心，只要安装一个双层隔声玻璃，让他们把窗户一关就可以了。租房子和自住不同，只要您的价钱开得合理，不会在意这么多问题的。您以这么低的价钱买进来，出租个几年，等房价涨了，一转手就是一笔很客观的收入。"（再次强调价格优势）

困惑 48　"这里周边环境太差了"

错误应对

1. "正常，毕竟这里是郊区，自建房会比较多，不过杂乱是不会的。"

点评：这样回答有点强词夺理，只是让买家接受这个缺点，而没有对其异议做出解释说明，无法达到说服买家的目的。

2. "可是这里便宜。"

点评：在跟买家沟通房子的不足时，很多房地产经纪人都会拿价格来弥补，脱口而出"可是这里便宜"这样的话。说的虽然是事实，但是要注意表达方式，这其实是为买家提供需要权衡利弊的参考条件而已。

3. "这些自建房迟早都要拆迁重建，那个时候就不会杂乱了。"

点评：让买家看到未来的规划以此来打消现在的顾虑是一个很好的沟通方式，但是表达时最好引用专家看法或市政规划图这些证据来支持，就更加具有说服力。

困惑解析

买房要看周边环境，这是每位买房者都知道的常识。毕竟，买了房子就要在这里居住了，甚至可能会住上一辈子，如果环境不好，日后住在这里肯定会不舒服。就算是投资性购房的，如果周边环境不好，价格上不去，同样是无利可图。因此，当小区周边环境确实存在不足之处时，自然会对销售造成不利影响。

在城市开发过程中，除非是新城，否则都是渐进式开发的。因此，有些小区，内部环境可能做得不错，但外部环境就不怎么样了，甚至是在城中村边上，周边都是自建房，显得很杂乱。向买家推荐此类房源时，即使小区内部环境不错，但对于周边糟糕的环境，大多数买家都会提出异议。很多房地产经纪人在推介这类房源时，总是心虚，觉得这种房子很难卖。其实，没有卖不出去的房子，关键在于找准合适的目标买

第四章 房源推介环节的困惑解析

家，以及帮助买家权衡房源的优缺点。

需要注意的是，小区的周边环境往往是买家非常直观就能看到的，是无法辩驳的事实。对此，我们万万不能刻意隐瞒明显存在的缺陷。如果目前小区拥有开阔的景观视野，但前面有一地盘已经在动工建设另一幢高层大楼，日后一定会遮挡住楼盘的现有景观。那么在与买家沟通时，我们绝对不可以过分着力于夸大目前景观的"优点"了，一方面买家可能也知道附近正在建楼，另一方面即使买家现在不知道，以后也肯定会知道的，那时买家就会追究起你的责任来。

城乡接合部的小区，大多数的周边环境都不怎么样。其实，这些情况买家基本上都有心理准备，从某种程度上来说是已经在心里接受了这样的环境了的，毕竟是因为有在这里买房的需求才来到这里。另外，郊区虽然地段优势不明显，但是也有很多优势：一个最大的优势就是价格低，相对市区的房价显得便宜多了，很多买家就是为了价格便宜才选择到郊区买房；而且如果该郊区处于交通要道或者地理位置良好，则有很大的发展潜力，非常适合投资；周边有众多的自建房，生活配套可以满足日常所需，且消费价格较低；郊区楼盘一般规模较大，小区内部配套齐全等。因此，在向买家解释时，我们可以先询问买家是自住还是投资，再针对买家的不同购买目的，作不同的重点介绍。以自住买家为例，我们应向其介绍便捷的交通、实惠的房价、自成一体的小区规模、低价消费品等多种好处，当然还可以向其传达一些投资的想法，自住和投资两不误。

如果房源位于市政规划区内，几年内会大规模拆迁重建，那么这也是一个说服买家的好理由。我们可以向其描述一下这里几年后的景象，如拟建的公园、高档小区、大型超市等，让买家产生美好的想象。

正确应对示范1

对于自住买家：

买　　家："小区环境是不错，可是边上都是自建房，很杂乱。"

经纪人："刘小姐，您放心，虽然现在边上都是自建房，但这种情况只是暂时的。这片区域属于新城规划区，未来五年里，边上的自建房都会被拆掉重建，这里将成为一个新的住宅区，其他市政配套也会相应地完善。"

买　家："真的？"

经纪人："这个我怎么能骗您呢，前几天日报上都有报道，不信您可以回去查一查。而且正是因为旁边是自建房，所以它的价格也很低，每平方米才25000元，而市中心的房价现在都在5万元以上了。这套房子总面积为120平方米，算起来足足能便宜300万元呢。"

买　家："可是日常生活也不方便。"

经纪人："刘小姐，这点您完全不用担心，这里生活其实非常方便，一点也不比市中心差。要知道，大学城住了好几万人口呢，银行、超市、餐饮等样样具备。而且这里还有一点非常好，就是物价也比较便宜，生活花费这一块可以节省不少钱，非常经济实惠。"

点评：我们所说的"将来"到底有多远，必须是有据可循的，表达时要专业一些，最好引用专家看法或市政规划图等来佐证我们的说法。否则，向买家提供的这些参考条件并没有多大的说服力。

正确应对示范2

对于以投资为主的买家：

买　家："小区环境是不错，可是边上都是自建房，很杂乱。"

经纪人："王先生，您买房是打算投资，对吧？您也知道，买房投资最看重的就是房子将来的升值能力，这里虽然旁边都是自建房，但是现在到处都在进行旧城改造在拆迁，根据规划，五年内这些自建房肯定都会被拆迁的。您知道城西的××花园吧，几年前和这里差不多，才8000多元，可是现在呢，政府开发新区，房价涨到25000了，这个投资回报多么可观。"

买　家："那这套现在多少钱？"

经纪人："每平方米13500元。您是投资的，对房价比我更了解，现在市区的房价，基本上没有低于2万元的吧？我一个朋友在市区的××路买了一套小两居，80平方米左右，178万元，折合起来一平方米要22000多呢。而且，这套房子还是20世纪九十年代的房子。而这套房子面积120平方米，总价才150多万元，要是在市区，起码要250万元以上。买来后您可以出租，租金就抵按揭款。几年后，房价涨了，您一转手，就是一笔很客观的收入。还有，您不必担心出租问题，像这样的房子，只要租金合理，可是有很多人喜欢的，最近就有不少人问我这个小区有没有房子要出租呢。"

点评：对于以投资为主的买家，拿出具体的数据帮其分析投资回报，往往能取得不错的效果。

困惑49　"这个小区配套设施太少了"

错误应对

1. "我觉得不会的，有篮球场，还有儿童活动区。"

点评：很多房地产经纪人都会在买家提出异议时，用"我觉得不会的"或"我觉得还不错"之类的话语来否认买家提出的异议，虽然这只是表达你自己的看法，但对买家并没有任何说服力。

2. "这个小区的特色就是经济实惠，配套设施自然比高档小区少。"

点评：主动把小区的劣势同其他小区的优势作比较，是非常不明智的做法。而且这就像是说选择价格较低的房子配套设施必然就比较差，这会伤害买家的自尊心，反而给销售造成阻碍。

3. "在同档次的小区里，这里的配套已经算是比较好的了。"

点评：这样的回答比较消极，而且实际情况可能更糟糕。如果买家原本对这个不是很在意，但可能在你消极的回答后重新考察该小区。

困惑解析

"这个小区的配套设施太少了"，对于这样的抱怨，相信大多数房地产经纪人都有遇到过。那么，对于买家的这类抱怨，我们该如何处理呢？

随着人们对生活品质的要求日益提高，买家对小区配套设施的要求也日益增多。

但是对于一般小区而言，往往无法提供非常完善的配套设施，只有高档的大社区才会配套比较齐全。很多买家其实也明白这点，但是每一位消费者都想买到最完美的商品，自然就会把这些房源的缺点面前犹豫起来。

买家对小区的配套设施表示不满，而且这个缺点已经是个不争的事实，那么我们更不能极力否认，可以采用定位告知法，表明定位不同，相应的配套也会有差异，把定位解释清楚了，让其对该小区有一个更为全面的认识。如小区最初的定位即为普通经济型住宅，开发商注重的是房屋的建筑质量，同时也是节约买房者的成本。让买家从更多的角度来看待这个问题，这一方法对于非常看重价格的上班一族很有效。

正确应对示范

买　家："小区的配套设施怎么这么少。"

经纪人："因为这个小区的定位就是经济型住宅，以经济、实用为主。当初开盘时，开发商就是标榜自己把钱花在了刀刃上，注重的是房屋的建筑质量，因此在配套设施上的建设也就有所减少。这样一来，受益的就是买房的人了，开发商节约的成本直接反应在房价上，在同等规模的小区里，这里的价格是最低的。当时开盘吸引了非常多的人，不到两个月就卖出了七成。"

买　家："这套每平方米多少钱?"

经纪人："23000元。业主因为公司资金周转不灵，所以急着把这套房子转手，开的价格也很低。以这种装修来看，这个价很合理。"

买　家："那我平时要跑步打球不是没地方去了?"

经纪人："其实这点您不用太担心，虽然小区里面没有足够大的活动场所，但您可以到附近运动。距离这里500米左右有一个公园，您可以在那儿跑步锻炼。傍晚吃完饭后走到那儿散散步，呼吸一下新鲜空气，也是个不错的选择。"

点评：鱼与熊掌不可兼得，这是谁都明白的道理，买家买房子也是同样，只是买房置业是件大事，买家还是会对房子本身、对小区、对周边环境等十分完美。作为经纪人，我们就是要通过为买家提供多方位的考量，让买家做出最适合自己的决定。

第四章　房源推介环节的困惑解析

困惑 50　"一梯四户？电梯都要等半天"

错误应对

1. "是吗？我觉得还好！"

点评：这样的回答缺乏专业性，买家的感受才是更重要，而不是自己妄自的评论。而且，这种怀疑及自说自话的语气，会让买家觉得你在有意敷衍，从而容易引起其对自己的不满。

2. "不会的，您避开上下班高峰期就好了。"

点评：毫无疑问，这样的回答不但肯定了买家"电梯难等"的看法，而且似乎在提醒他们"上下班高峰期时间段电梯更难等"，从而起到反作用。

3. "哦，您怕电梯难等，我手里还有一梯两户的房源，一梯一户的也有，您要看看吗？"

点评：这种应答是有意让买家难堪，容易伤害他们的自尊心，从而会给销售制造阻碍。

困惑解析

带客看房时，经常会有买家抱怨高层、小高层两梯六户或一梯四户不好，电梯不仅拥挤，而且难等。如果是普通住宅，常是一梯多户的设计，电梯难等是无法避免的事情。对此，我们房地产经纪人要怎样回答才能帮他们来看待这个问题呢？

面对买家提出的这种异议，我们并不需要去和他们争论电梯到底好不好等，因为一梯四户或者两梯六户等一梯多户的设计，如果是小高层、高层住宅，遇到早晚上下班高峰期时，电梯确实会很拥挤或者很难等。所以，我们应该直接用一梯两户或一梯一户的房子进行对比，从而让买家看到一梯多户虽然电梯难等，但价格上却有着巨大的优势并且公摊要小得多。此外，对于一些年轻的买家，我们还可以用潮流趋势来化解，如引用报纸的报道，专家表示两梯六户是目前最实用最流行的建筑结构，这是一种住宅趋势等，从而增加可信度和说服力。

在化解买家这类抱怨时，我们也可以采用"负正法"来分清主次，如买家买的是六七层以下的房子，我们还可以建议他们偶尔爬爬楼梯，锻炼身体；或者建议买家提前几分钟出门，避开电梯使用的高峰期。

正确应对示范

买　家："一梯四户？太拥挤了，电梯都要等半天。"

经纪人："是的，王先生，说实话，一梯四户相对于一梯两户、两梯六户来说，电梯是比较不好等。但是，同样的，它的公摊也要比一梯两户的小。我来给您算一下，就拿一梯两户的房子来比较，同样是120平方米的房子，通常情况下，如果一梯四户的实用面积是110平方米，那么一梯两户的实用面积可能就只有100平方米。不但实用面积比一梯两户的大，而且价格上也会比一梯两户的低不少。"

买　家："但是，下班还好，电梯多等一会无所谓。上班时这样等，每天都有可能会迟到。"

经纪人："王先生，您的这套房子在六楼，楼层不高，您可以每天提早五分钟出门，走走电梯，锻炼一下身体。您平时工作忙，可能没有什么时间锻炼，刚好趁着这个机会，舒活一下筋骨，也是个不错的选择。"

买　家："……"（买家仍旧有些顾虑）

经纪人："还有一点我差点忘了说，公摊面积减少了，每个月需要交的物业费也就相应减少，我们现在都会提醒买家在做购房预算时要考虑到物业管理费支付这个问题，毕竟长年下来，这也是笔不小的开支。"

点评：任何事物都有两面性，房子的缺点从另外一个方面讲也可能就成了优点。作为房地产经纪人，我们就是要运用适当的话术，将买家向积极的方面引导。

第四章　房源推介环节的困惑解析

困惑 51　"这房子楼层这么高，还没电梯"

错误应对

1. "一分钱一分货，有电梯的话就不是这个价了。"

点评：这样回答等于是告诉买家选择价格低的房子就必然是质量较次的，不能有太高的要求。这会伤害到他们的自尊心，买家肯定不会愿意和你继续合作。

2. "不高吧，我看挺好的，用不着电梯。"

点评："不高，用不着电梯"只是你个人的看法而已；对于买家来说，他们就是觉得需要电梯才方便。重点是买家的想法，你需要做的是消除他们的疑虑，从而促使其去购买。

3. "那您的意思是想要电梯房？"

点评：买家有可能只是抱怨楼层太高，并非真正想要买电梯房。你这样反问，会容易让买家感受到你在讽刺他们买不起电梯房，从而引发不满。

困惑解析

鉴于买家需求的差异性，有些买家认为楼层高一些的房子没有电梯无所谓，但是有些买家则认为这是房子的一大缺陷。他们提出该异议时，我们不要害怕房子存在缺陷，也不要急于辩解，而是要引导买家双向思考，房子有其缺陷的一面，也必定会有对买家有利的一面。对于这种楼层较高却没有电梯的房源，在带买家看房之前，我们就要先分析其优劣势，列出买家可能指出来的问题，以及自己该如何解答该问题。

如果买家在意的是没有电梯，那么我们可以从它的优点来做分析，"以优补劣"，如视野较为开阔，采光和通风较好；房子单价低且公摊小，减轻购房压力；物业管理费也较低，节省日常费用。如果买家在意的是房子位于顶楼，缺点是夏天太晒，那么相应的它的优点就是视野开阔，采光和通风好；价位低，还赠送平台，可以做个空中花园等。

正确应对示范

买　家："这房子楼层这么高，还没有电梯。"

经纪人："是的，王先生，这套房的楼层的确高了点。不过，南方的天气比较潮湿，楼层高正好可以帮助空气流通，降低湿度。而且房子里的光线也会比较好。您这么年轻，其实每天走走楼梯当作锻炼身体，也是很不错的。"

买　家："爬楼梯，夏天回到家都一身汗，今天才二十多度，我都流汗了。"

经纪人："王先生，看来您和我一样，都比较怕热。没有电梯是比较不方便，但是相对于电梯房，这里的价格便宜多了。前面那个小区，就因为是电梯房，每平方米就要35000元，足足比这里高了3000多块。还有物业管理费，每个月最少要比这里多一两百，一年下来可是笔不小的开支。"

买　家："那也是。"

点评：任何房源都不可能是十全十美的，但是优点也一定不止一个两个，可以尝试着从不同的方面来做引导。

困惑52　"不喜欢单体楼，没绿化也没配套"

错误应对

1．"没办法，单体楼就是这样的。"

点评：这样回答，等于肯定了买家对"单体楼没绿化也没配套"的抱怨。

2．"也还好了，它有一个平台花园。"

点评：这样的回答虽然对买家的异议做出了正面的回答，但是语言苍白无力，缺乏说服力，不能化解买家的异议。

第四章　房源推介环节的困惑解析

3．"这种房子最容易出手了。"

点评：这种回答意思很模糊，无法消除买家对没有绿化也没有配套设施的不满。

4．"要不我带您去看小区房？"

点评：这样的回答相当于承认买家的看法是正确的，而且放弃了任何的努力，使得销售工作不得不重新开始。

困惑解析

和西方国家不一样，在国内，大家更喜欢居住市区，交通生活也更方便。在这种情况下，市区地段往往是寸土寸金，于是就出现了很多单体楼。对于这些单体楼，其最大优势的就在于它优越的地理位置。但作为买家，自然是希望自己要买的房子在各个方面都是最好的。于是，问题来了，当我们向买家推荐一套单体楼的房源时，总是能听到"单体楼没绿化也没什么配套设施"这样的抱怨……

相比大型社区的规模效应和号召力，单体楼的处境就显得较为尴尬。大楼盘的优势是社区规模大、绿化面积大且生活配套完善，不足之处可能是比较偏远，因为一般只有在那些比较偏远的地方才可能有大规模的土地可供开发。占据市中心好地段、稀缺位置的大都是单体楼，因为这些地段土地紧张，难以大面积拿地，对于以利润为衡量标准的开发商来说，绿化面积少、缺少生活配套是很自然的事。

对于单体楼，买家的一个最直观反应就是缺少绿化和配套。因此，在化解此类异议时，我们可以从其地理位置来看待为何是单体楼的问题，引导买家更全面地来考量房源的综合条件。

首先，单体楼虽然没有绿化，但是一般会有一个平台花园，以减轻环境压力。

其次，单体楼建筑面积有限，没有生活配套设施，但是由于它处于成熟的配套区域中，出门就可打车、坐公交，下楼就可以逛商场，能真正享受城市的商业配套，非常适合平时工作较忙、应酬较多的人居住。

最后，对于单体楼，大多数情况下，其户型较为紧凑，结构更为合理。

市区繁华地段的单体楼往往更受投资客欢迎。要知道，单体楼通常是商住两用，买来后既可以出租给小公司办公用，也可以出租给那些高收入的白领。由于地段优越，通常更容易出租，租金也往往比其他小区还高。对于以投资为主的买家，我们告诉其房源的先天稀缺性，把房子的升值空间和前景展现出来。

当然也有些单体楼处于地段较偏的郊区，一般这类单体楼最大的优势就是价格。当买家对该类房源提出环境或配套不足的异议时，可以让买家看到也正是因为单体楼地处偏远，所以具有价格实惠的优势。

正确应对示范1

买　家："不喜欢单体楼，没绿化也没配套。"

经纪人："是的，王先生，单体楼的绿化确实差了点。不过，这个小区当初在规划设计时，充分考虑到了这方面的不足，特定设计了一个平台花园，等会我带您上去看看，它视野很开阔，空气也很好，周末上来看看风景是个很不错的选择。至于生活配套，您不用担心，这个地段您也知道，交通便利，周边就是繁华的商业圈，下楼就可以逛商场，比小区房方便多了。"

买　家："这个地方噪声也比较大。"

经纪人："王先生，您和您太太都是上班族，一天一半的时间在公司，噪声对你们的影响并不大，而且这套房里安装了双层隔声玻璃，并没有多吵。更重要的是，这个房子的设计非常考究，挑高4.9米，您想要的话可以自己搭建为跃层，可增大房屋的利用空间。原本50平方米的房子，相当于90平方米的面积，非常划算。"

点评：任何房子都不是十全十美的，也都有自己的优势所在。我们需要摸清买家的真正需求，帮买家根据自己的实际情况，综合考量房源的优缺点，以便使买家买到最适合自己的房子。

正确应对示范2

买　家："这里没有生活配套，也没有绿化。"

经纪人："其实也很不尽然，顶楼有一个平台花园，等会我带您上去看看，视野很开阔，空气也很好，周末上来看看风景是个很不错的选择。虽然这里没有配套，但是位于市中心，周边市政配套十分完善，银行、超市、酒店都在附近。"

买　家："地段是好，但正因为这个地段太好，所以更适合出租，自己住的话就

第四章　房源推介环节的困惑解析

有点划不来了。"

经纪人："从您这句话，我就知道您是个行家，您说得太对了，这儿商业繁华，非常适合出租给公司办公或者收入较高的白领，而且租金很可能都超过月付款。"

点评：无论房子本身条件如何，只要能够满足买家的需求就是好房子。抓住了买家的这一消费心理，才不会偏离了推介的方向。

困惑53　"社区这么大，太杂了"

错误应对

1. "小楼盘有什么好，配套设施不完善，也没什么绿地，活动的地方也少。"

点评：这样回答没有对"太杂了"这个异议做出解释，无法达到说服的效果，而且会让买家觉得你为了卖房子在故意贬低规模小的社区，给买家留下不好的印象。

2. "这种规模的小区不算大了，不会太杂。"

点评：这样的回答，语言苍白无力，只是将自己的看法强加给买家，缺乏说服力。

3. "规模大点的社区住得比较舒服，各项配套比较完善。"

点评：用大社区的优点来吸引买家的做法一定程度上是能吸引买家，但是同样没有对买家提出的"太杂了"这个异议做出解释，仍旧无法达到说服的效果。

4. "不是吧，这样的社区您还说太大？"

点评：这样的反问充满了挑衅和讽刺的意味，容易引起买家的不满，很可能会引发争执。

困惑解析

在向买家推荐规模大的小区房源时，我们经常会听到其抱怨"人口太杂、环境太乱"。对于此类异议，如果我们一味地否定或者贬低小社区的房子，是无法达到化解异议的目的的。

虽然大社区人口较多、环境较为嘈杂，但是它同样有着很多小社区所没有的好处，如小区配套齐全，生活比较便利；有较为完善的物业管理体系，能够保证物业的工作质量；小区景观比较大气、漂亮；开发商具有雄厚的经济实力，能够保证建筑品质等。

俗话说，"耳听为虚眼见为实"，在向买家介绍这些优势时，我们最好带他们参观一下小区，让其感受一下大社区不一样的生活方式和氛围，转变买家的以往印象。当然，我们还可以适当地将其与小社区作比较，如物业服务不到位和物业管理费高、配套设施少，通过对比，让其更加深刻体会到大社区的特点。

另外，我们还可以从专业的角度，引用专家的结论或者报纸报道，告诉买家小区的规模有科学的设定，这样的大小刚好符合要求，不仅利于管理，还能有效降低业主的购房成本和物业成本。通常来说，以此作为辅助，会更加容易化解买家的异议。

正确应对示范

买　家："社区太大了，住的人多，很杂。"

经纪人："王小姐，您放心，虽然这个小区居住的人比较多，但是并不会杂乱。这个小区的定位是中档住宅，以白领家庭为销售对象，所以住在这里的都是有素质的人。"

买　家："听说大社区非常不好管理，不安全？"

经纪人："王小姐，这个问题并不是绝对的。可能是因为小部分规模较大的社区物业管理没有做好，所以才会给人留下这样的印象。像我们这个小区，它的物业管理公司是××市最大的物业管理公司——××物业，管理非常不错，您刚才进来时也看到了，保安对进出的人员都很严格，就是要保障业主的正常生活。说实话，规模小的社区是比较好管理，但是物业管理费高，有些小区甚至连公用设施都不维护。所以，现在大家都喜欢住在大一些的社区。"

买　家："嗯。"

经纪人："而且，您看，小区里相应配套非常齐全，篮球场、游泳池、儿童玩乐区等休闲娱乐场所一应俱全，还有很多生活店铺，不出小区就可以消费。您晚上饿了的时候下楼就能找到24小时便利店，多方便呢。不过话说回来，小区的这种规模不算太大，我看过一篇房产报道，专家表示不超过1万人的小区规模最为合适，比较好管理。还能降低业主的物业管理费呢。"

点评：当买家提出"社区这么大，太杂了"的异议时，我们首先要针对其疑虑做出合理的解释，同时，还要再次强调小区规模大的有利之处。只有把小区的优势与买家所能得到的切身利益结合在一起了，他们才容易被说服。

困惑54 "社区太小了，活动空间都不够"

错误应对

1．"怎么会小呢，这种规模的已经不算小了。"

点评：这样回答有点责怪买家的意思，买家听了会不舒服。即便这是个事实，也不能直接反驳他们。

2．"要不我回去帮您看看有没有大社区的房源？"

点评：买家一提出异议就放弃努力转向其他房源的推荐，这是消极应对的表现，浪费了自己的时间和精力，而且还要重新开始找房源带看。

3．"不小吧，之前我也带过不少买家看过这里的房子，很少有说它小的。"

点评：这样的说法是在直接否认买家的感受，买家听了肯定不舒服。

4．"小社区比大社区好多了，大社区人口密集，环境又嘈杂，住着不舒服。"

点评：在将大社区来作比较时，我们要客观地分析其优缺点，而不是避重就轻地回答。若是态度不够诚恳，买家会认为我们故意诋毁竞争对手，从而给其留下不好的印象。

困惑解析

"萝卜白菜各有所爱"，说得一点都没错。买家看房子也是这样：有的买家非大的社区不选,有的则偏爱于精致的小规模社区。其实,大有大的好,小有小的巧,作为中介,我们就是要把这或好或巧的特点与买家的实际利益结合起来,引导其购买方向。

不论我们手上的房源是什么样的状况,我们都要学会找到它的卖点,这属于我们的专业技能。买家买房子,自然希望尽善尽美,希望花最少的钱却能满足自己所有的要求,但是凡事都有多面性,我们中介的工作就是要引导买家的视线,把房源优势与其实际需求紧密地结合起来。

当买家抱怨"社区太小"时,我们应耐心地向买家分析小社区的各项优势:也正是因为社区小,所以住户较少,利于管理,治安较好;产品品种不多,业主层次相似,整个社区比较和谐;如果是处在繁华、成熟的地区,周边公共配套可弥补其配套不足的问题;房价较低,并能有效减少日常费用支出等。在适当时,我们还可以用大社区来进行对比,如环境嘈杂、人口众多不利于管理、区内交通不便等。

为了增加说服力,我们还可以引用专家的观点,表示"社区不在于大小,而在于是否成熟(所谓成熟社区,即社区配套基本形成,交通状况良好,市政配套齐全,与城市街区形成快速连接,人气旺盛,生活便利,物业管理步入正轨的社区。)""很多真正高品质的社区规模都不大",让买家彻底消除对小规模社区的顾虑。

正确应对示范

买　家:"社区太小了,活动空间都不够。"

经纪人:"张先生,虽然小社区内配套设施不多,但是这里邻近市中心,周边商业繁华,交通便捷,周边公共配套完全可以弥补自身配套不足的缺点,对您的生活并没有影响。而且正因为配套不多,房价也相对较低,您的购房成本也就降低了,还有,往后日常的费用支出也会减少,就物业管理费一项一年下来就可省下不少。"

买　家:"我之前住的社区很大,看这个真觉得很小。"

经纪人:"张先生,请问您之前住在哪里?"

买　家:"××小区。"

经纪人:"哦,我去过那个小区。是挺大的,但是我个人感觉那里比较吵,好像广场上还有很多卖小吃和生活用品的小摊。人来人往的,显得比较嘈杂。一些比较喜欢安静的人就比较不适合住那儿。"

买　家："是的，我住的房子刚好就在广场旁，一到晚上就吵，我小孩都不能学习了。"

经纪人："吵到小孩子学习就不好了。正好，这里只有五六栋楼，居住人口少，白天晚上都比较安静，肯定不会妨碍您的小孩学习。"

买　家："这里治安怎么样？"

经纪人："张先生，治安您更不用担心了，物业的几个保安都干很久了，和业主都认识，进出小区的陌生人很容易认出来，我第一次来时可是被问询了很久。大社区来往的人多，丢点什么东西很难避免，您说是吧？"

买　家："嗯，是的。"

经纪人："其实，我看报纸时经常也有看到，专家都说社区规模大小不重要，重要的是看这个社区是否成熟。您看这里物业管理好、外面交通也便利，小区环境也干净，不正好符合您的要求吗？"

买　家："听你这么说，好像挺有道理的。"

点评：房地产经理人应抓住其真正关注的方面，由此着手，做出更有针对性、更有说服力的推介，从而帮买家做出最适合自己的选择。

困惑55　"我不喜欢朝北（西）的房子"

错误应对

1. "朝向对北方比较重要，我们这是南方，朝南朝北差别不大的。"

点评：买家不喜欢朝北的房子，肯定有其原因。虽然说南方冬天没那么冷，朝向问题不像北方购房者那样看重，但如此轻描淡写的回答是无法消除买家的疑惑的。

2. "朝南和朝北的价格可不一样，如果是朝南，那价格可就不是这样的了，每平方米至少要贵好几百呢。"

点评：说的确实没错，问题是这样的回答会让买家感觉你认为其买不起房子，从而引致买家的不满。

3. "没关系,既然您不喜欢朝北的,要不我们去看看另外一套朝南的房子吧。"

点评:有经验的房地产经纪人不会轻易放弃,不会当买家一提出不喜欢时,马上就选择放弃。买家既然提出异议,首先要给予一定的正面回答,如果买家到最后还是不能接受,再为其提供另外的选择也不迟。

困惑解析

买房不单要看户型,还要看朝向。朝向也是衡量房子优劣的重要指标,它不但影响采光,而且影响通风。同样的户型,好的朝向会大大提高房屋的居住品质,改善住宅室内环境,对居住者的身心健康十分有利。

大多数购房者在选购住宅时,都会选择坐北朝南的房屋。在古代,南北朝向为正,东西朝向为偏。朝南的房间为正房,是位尊的表示,从这个意义上说,如果可以选择的话,绝大多数买家都会选择朝南的户型。

其实,虽然坐北朝南是公认的好朝向,但不一定是正南正北,不同的地方,房屋的最佳朝向存在一定差别,如北京的最佳朝向在北部偏东7°,有的城市甚至在北偏东10°才是最佳。因此,很多南北向房子的朝向并不是正南,而是会偏东或偏西一些角度。通常认为,住宅朝向以正南最佳,东西次之,朝北最次。但是,出于土地和建筑的限制,不可能所有的户型朝向都如人所愿。每个人都有自己的实际情况,应在充分考虑差价、采光、日照、通风、室外景观等因素后,做出最适合自己的选择。

(1)好朝向的房价要高出不少。从一般的设计规律来讲,南朝向的房屋大都是户型最大、面积最大,每平方米单价最贵,在整层中总价最高的。在同一层楼房中,南北朝向的单价通常会相差300元~500元,然而这么大的差价通常只是意味着每天享受阳光时间的不同而已。

(2)好朝向不一定采光就好,因为采光不只是和朝向有关。如有些朝南的户型前面刚好有高楼挡住,而其他朝向面前则是一片开阔,采光反而更好。

(3)好朝向不一定就通风最好,因为通风效果的好坏除了与朝向有关外,还与门、窗的方向和大小有关。

(4)好朝向不一定窗景(窗外的景观)最好。现代都市生活中,人们尤其是年

第四章 房源推介环节的困惑解析

轻人工作繁忙,白天较少有时间在家休息,再加上空调等各种家电的普及,对于日照等自然条件的要求已经有所减弱,而对优美景色的需求却在增加。大到山景、海景、河景、湖景,小到小区园林、水景,都会或多或少地影响着现代家居生活,因为好的景观会对心情起着重要的调节作用,这也是一些背向阳光、面向景观的套型反而卖得好的原因。

因此,当买家提出朝向(朝北或朝西)异议时,我们首先应对其表示理解,然后再向他们表达目前社会提倡的购房理念。一套房子的好与不好,朝向是一方面,其他如价格、楼层、采光、户型结构等也都是需要进行综合考量的。在向买家说完购房理念后,如果其对朝向异议不再那么强烈,我们还应结合买家的实际情况,告诉其这套房子为什么适合他们,购买这套房子对他们有什么好处。如此这般,才能让买家欣然接受。

正确应对示范1

买　家:"这套朝北,不好。"

经纪人:"刘小姐,您的想法我能理解,其实一开始选房时,大部分买家都不喜欢朝北的房子,而喜欢朝南的房子。其实,一套房子的好与不好,不单只看朝向的,还要综合考虑景观、楼层、采光、户型结构等方面。您觉得呢?"

买　家:"这是没错,可是我就觉得朝北的房子,晒不到太阳,整天阴森森的。"

经纪人:"是的,如果整天晒不到太阳,那的确不舒服。不过,刘小姐,您放心,这套房子绝对不会晒不到太阳的。"

买　家:"不会吧,你是说这套房子晒得到太阳?"

经纪人:"是的,刘小姐。坐北朝南是公认的好朝向,但不一定是正南正北,不同的地方,房屋的最佳朝向存在一定差别,如北京的最佳朝向在北部偏东7°,有的城市甚至在北偏东10°才是最佳。因此,很多南北向房子的朝向并不是正南,而是会偏东或偏西一些角度。就我们这套房子来说,它也不是完全正北,确切地说,它是南偏西70度左右,在中午12:30到下午15:00之间太阳就会晒到这里面。"

买　家:"你不会骗我吧?"

经纪人:"刘小姐,您放心,这种事情骗不了的。昨天中午,我也带了一个买家来看房，当时阳光就晒到这里面来了，就是您现在所站的这个地方。如果您对这套房子的其他条件都还满意的话，等到中午时我再带您来看看，您不就清楚了吗？"

买　家："哦，那好，中午我再来看看。"

点评：只有清楚买家不喜欢这个朝向的真正原因，才可能对症下药地予以解决问题。

正确应对示范2

买　家："朝西，西晒，不好。"

经纪人："是的，朝西的房子确实存在西晒这个不足之处。刘小姐，那您觉得这套西晒的与刚才我们看的那套4楼的比，哪套房子综合条件会更好些？"

买　家："4楼的那套朝东，朝向不错，就是户型结构不太好，太浪费面积了；这套呢，户型是很紧凑，但就是会西晒。"

经纪人："嗯，是的。所以说，世上没有十全十美的房子，任何一套房子都有它的不足，关键是看您更在意哪一方面了。其实，一套房子的好与不好，不能只看朝向的，还要综合考虑景观、楼层、采光、户型结构等方面。您觉得呢？"

买　家："这是没错，可是我就觉得朝西的房子，夏天会很热。"

经纪人："是的，单就这方面来看，西晒的房子夏天确实比较热。不过就深圳的天气来说，在夏天，即使是朝东或朝南的房子，大家都还是要开空调的，不开空调根本没法入睡。另外，研究证明，所谓的西晒只是夏天下午2点到4点之间那一段时间阳光比较强烈。可是，太阳升起时您已上班了，下午2点到4点您还没有回家。所以，单纯西晒这个问题，对平时生活影响不是很大。还有，您也知道，这个山庄是高档小区，当时采用的是空心节能保温砖、双层中空玻璃，再加上家家户户都必备空调，也足以阻挡西下斜阳那点微弱的热度了。"

买　家："话是这么说没错，可是这个价格，买朝东的房子也够了吧！"

经纪人："嗯，看来归根结底还是价格的问题。刘小姐，您过来这边看看，这套房子是不是可以看到城市广场和湖面？"

买　家："嗯，景观是不错。"

经纪人："刘小姐，这就是了，任何事情都不可能十全十美，有所得必有所失。

第四章 房源推介环节的困惑解析

这套房子是朝西,可是它的景观要比朝东的更好。这就看您更注重哪一方面了。现在人尤其是您这样的年轻人工作繁忙,白天较少有时间在家休息,再加上空调等各种家电的普及,对于日照等自然条件的要求已经有所减弱,而对优美景色的需求却在增加。窗外景观环境的好坏,已成为评价居住区质量的一个重要标准,谁也不希望开门开窗就看到乱糟糟的景象。"

买　　家:"那倒也是。我现在住的那套房子虽说朝南,但景观比朝北的都要差。"

经纪人:"是的,刘小姐,虽然这个户型是朝西的,但由于它可以看到美景,所以卖得比朝东的那个户型还要快。其实这套房子的价格是比较便宜的,因为还送全套家具和家电,非常划算。"

点评:作为房地产经纪人,当其对某一方面有抱怨时,我们要帮助他们权衡利弊,这样才能做出正确的选择。

困惑56　"这个楼层不好,我不喜欢"

错误应对

1. "您错了,这个楼层其实是最好的。"

点评:这样的回答,完全不顾及买家的感受,会让其感觉到你太傲慢,看不起他们。

2. "不会,这种中间楼层,不高又不低,才是最受欢迎的呢。"

点评:这样的回答会让买家觉得不高兴,难道是自己比较另类?难道别人买什么自己就要买什么吗?甚至会让买家觉得你在信口开河,其实是很多买家都不愿买这样的楼层。

3. "那您的意思是想要低一点(高一点)的楼层?"

点评:我们才是做销售的,我们要引导买家,而不是被买家引导。没有想着去说服他们,也不问问买家是因为什么不想要这样的楼层。如此轻易就顺着其思路走,只会给自己的销售带来诸多麻烦。

困惑解析

萝卜青菜各有所爱，有人喜欢住高层，有人喜欢住低层。至于是高层还是低层好，其实没有绝对的评判标准，而是要综合各个方面去全盘考虑。也就是说，当买家对楼层提出抱怨时，我们要学会帮买家去全盘考虑房源的各种条件。

应该说，每层楼都有自己的小气候。楼层不同，对居住者的生活影响也不同。同一套户型，所在的楼层不一样，居住的感觉也会有所不同。事实上，每个买家的喜好不一样，每个买家的情况也不一样，没有哪个楼层绝对最好的说法。我们应站在买家的角度上，根据买家的实际情况，帮助买家选择最适合他们的楼层。当然了，因为每个楼层都有它的优劣势，如何把这些优劣势准确传达给买家，让买家接受，也是很重要的。

（1）多层的楼盘中哪层最好？

1）一、二楼较好，因为楼层比较低，如有孩子和老人，有利于其出行活动，更因为人员走动较大，生活安全系数较高。

2）三、四楼较好，一直以来都有着"金三银四"的说法，具有采光好、安全、安静、整洁，既避免了一、二楼低楼层的潮湿，也避免了五、六层的爬楼累的问题，兼备了高低楼层的各项优势。

3）五、六楼较好，采光好、通风好、景观好，没有视线阻碍，价位也较低，因为在顶层，而没有被人踩在脚下的感觉，并且楼层靠近平台，可自由选择使用方式，或种花草，或喂养鸽子等宠物。

（2）高层的楼盘哪层最好？

1）低的楼层比较好，因为楼层低，可以当作多层来居住，这样也符合买家以前的居住习惯，而且在高层中低楼层相对价格也是最低的，这样一来升值潜力和投资潜力都有最大的优势，加上有电梯的使用，如此一来，相当于居住在一幢配备了电梯的多层住宅中，从而提高了生活档次。

2）中间的楼层比较好，景观、通风及采光都较好，同时避免了低楼层的吵闹以及采光遮挡的缺点，也避免了高层有空气、噪声滞留层的污染，价格适中，处于中间位置使用电梯也比较方便。

3）高的楼层比较好，采光最好，通风最好，既然买家选择的是高层，那么对于

第四章 房源推介环节的困惑解析

景观应该是比较注重的，而高的楼层没有视线阻碍，视野开阔，景观是最好的。同时若配备了很好的品牌电梯，到顶楼的时间不会超过用步行上六楼的时间，比较方便。另外，高层对于人的信心、精神状态的培养也是一个绝佳的环境。

正确应对示范

买　家："二楼太低了，我还是喜欢住高点的。"

经纪人："嗯，大姐，每个人喜好都不一样，有些人喜欢住高楼层，有些人喜欢住低楼层。不过，根据您的情况，我觉得这套二楼的还是非常适合你们的。"

买　家："哦，怎么说？"

经纪人："刚才您说，到时您父母也要来和你们一起住，是吧？"

买　家："是的。可是这里有电梯，住高层的对老人也没什么区别吧？"

经纪人："大姐，是这样的，虽然说有带电梯，老人也不用爬楼，影响不大。不过，老人居住最讲究的是生活便利性，而从这个方面来说，虽然配备有电梯，但低楼层一般还是要比高楼层更为方便。而且，电梯并不适合所有人，通常人们在坐电梯时都会有失重的感觉，尤其是乘坐高速电梯下楼时，会觉得心被悬在半空中，当电梯停下来时，又有'一块石头落地'的感觉。而且，您也知道，楼层越高，价格越高。之前带您看过边上××小区的一套23楼的房子，楼层够高吧，可是单价也比这套房子高了将近5000元呢，而且那套房子的年份还更早，是2002年的房子。"

买　家："嗯，这也是。"

点评：当买家提出疑虑时，不要直接反驳，先表示认可，再结合买家的具体情况予以分析，这样才可以帮他们解除疑虑。如果直接反驳，会招致其不满，再想去说服买家就更难了。

困惑57 "户型不好，浪费面积（不好装修）"

错误应对

1. "不会的，现在就流行这种户型设计，不会浪费面积（不好装修）的。"

点评：这样回答显得有些强词夺理，买房不是买衣服，单用"流行"不能消除"户型结构不好"的疑虑。

2. "这个小区的三居，户型结构就是这样的。"

点评：买家说"户型结构不好"，你却回答说"就是这样的"，那等于没有回答买家所提出来的问题，并且容易给其一种勉强的感觉。

3. "这种价格的房子，户型结构都差不多这样。"

点评：这样回答其实容易让买家感到你认为"便宜的房子质量就不好"的想法，容易让买家对你产生反感。

困惑解析

二手房中介其实比一手房销售难。因为二手房买卖的都是现房，在销售过程中会面临更多实际性的问题。在买家眼里，相对于房源的优点，他们更容易关注到房源的缺点。这些缺点，往往会使其做出购买决定前犹豫不前。如对于一些户型结构一般的房源，买家就经常会提出"这套户型不好，浪费面积（不好装修）"的疑虑。

现在大城市可谓是"寸土寸金"，为了能利用每一个空间，出现了很多怪异的户型。有的走道过长，浪费面积；有的户型不方正，不好装修；有的卧室过小，住着不舒服等。

关于这些问题，我们最好改为告诉买家一些改造的方法来弥补原始房型的缺憾。需要注意的是，改动户型可不像普通装饰那么简单，原始结构的变动需要较为专业的设计作为指导。所以，我们只是向买家传达这样一种改善的方法，具体的操作应建议其找专业的设计师来操作。

在向买家建议改动装修时，为了表示其可操作性，增加说服力，我们可以运用例证法，引用其他买家的案例来进行说明。同时，我们也可以表示自己所接触过的买家，就有请设计师做过类似的改动，加上实惠的装修，就能让房子焕然一新，效果非常好。通过向其提出改动装修建议，可以让他们觉得这个问题其实并不是无法解决，从而消除其"户型结构不好"的抱怨。

第四章 房源推介环节的困惑解析

正确应对示范

买　家："这套房子户型不好，走道太长，太浪费面积了。"

经纪人："是的，王先生，这条走道确实是浪费面积。不过，这并不是大问题，其实我们只要稍微改动一下就可以解决了。"

买　家："哦，怎么改呢？"

经纪人："王先生，您看，这个公卫是不是比较大？一般来说，因为有两个洗手间，公卫没有必要这么大，那我们完全可以把邻近客厅的这堵墙向前移一下，这样客厅就变大了，走道也没那么长了。我看过楼下一户业主的装修，他们就是这么改的，整个效果非常好。要不等会我们去他们家参观一下？"

买　家："好的，我看看效果，如果真可以那么改，那还是不错的。"

点评：如果买家得知房子的缺点是可以通过小小的改动就可以弥补的，那它就不再是阻碍买家购买的重要因素了。

困惑58　"这户型太大了，不经济实用"

错误应对

1. "您是个大老板，还会嫌弃房子大呀。"

点评：说这样的话要注意说话的语气，还要看买家是否愿意接受，否则很容易招致其不满。并且，如果买家并非大老板，则很可能起到相反的效果。

2. "不会的，房子大一点住得更舒服。"

点评：这个只是你的个人看法而已，并没有站在买家的角度思考问题，自然就没有说服力。买家关注的是房子本身的实用性问题，房子大不代表一定住得舒服，这是因人而异的。

3. "这个户型不算大了，才130平方米，超过150平方米才算大户型。"

点评：这样回答不仅反驳了买家的观点，而且有不顾及买家的感受。

困惑解析

当买家表示户型太大时，我们先不要急于辩解，而是应该先弄清楚其是认为面积太大，还是认为户型设计不合理。只有弄清问题在哪里，我们才能有针对性地予以解释说明。

如果买家是认为面积太大不好，那么我们首先应该向其展示大户型给生活带来的好处，如大户型功能齐全且相对独立，可以保证个人隐私；有孩子的三口之家，方便老人来此照顾，逢年过节远方的亲朋好友来了也不用担心住宿问题；且大户型的住宅功能较全，有多个洗手间，有衣帽间和书房等，生活更加丰富。其次，我们还应该告诉买家，从长远来看，小户型是不大适合长期居住的，通常会作为过渡性住宅。因此，如果买家有经济条件，应该首选大户型，一步到位，省去换房的诸多烦扰。

当然，如果买家真正在意的并非是面积太大，而是认为户型设计不好，不经济实用。那么问题则主要集中在户型上，可能是户型设计不够科学合理，浪费的面积和空间太大，或者人性化程度不高。此时，我们就要根据买家提出来的意见，相应地提供改善装修的建议，如买家认为次卧太大，就建议其在次卧隔一间小书房出来，供孩子学习；若是买家认为客厅和餐厅相连不好，则可以建议其在中间设置一个屏风，人为地进行分区；若是买家认为生活阳台没有必要，可建议其把阳台封起来当储物间等。当然了，我们给买家的建议最好要有一定的参考价值，也可以运用例证法，举例说明其他同类户型住户的装修以增加说服力。

正确应对示范1

买家认为面积太大。

买　　家："这户型太大了。"

经纪人："王先生，请问您是认为面积太大了，是吗？"

买　　家："是的。"

经纪人："王先生，其实这套房子的实际面积才115平方米，不过正因为户型方

第四章　房源推介环节的困惑解析

正，布局合理，所以您看起来才会显得很大。您是一家三口，这样的面积不大不小刚刚好。三室两厅，您和您爱人一间，小孩子一间，另外一间您想作为客房或者书房都行，客厅和餐厅当然是家庭生活必不可少的空间。"

买　家："现在不是90平方米左右就有三室一厅了吗？"

经纪人："是的，为了节省土地，在国家相关政策的鼓励下，现在市面上的确出现了一些90平方米左右的小三居。老实说，以您这样的经济条件，我并不建议您选择小三居。"

买　家："为什么？"

经纪人："王先生，90平方米的房子虽然也有三室一厅，但是由于总面积的局限，每个功能区的空间都很小，容易显得压抑。而且小三居属于过渡住宅，是不适合长期居住的。过几年您的孩子长大了，需要学习的空间，房子太小了就会显得拥挤和吵闹。等那时候再换房子，不仅要再奔波几个月看房，买房后还要装修布置，耗时耗力。您现在的经济条件完全能够负担一套宽敞的大房子，所以我才会说这套房子最适合您。"

买　家："那也是，老换房真累人。"

点　评：房地产经纪人是买家买房的参谋者，只有经纪人能够站在其立场分析问题，买家就更愿意接受你的意见或者建议，交流也才能够更加顺畅。

正确应对示范2

买家认为户型设计不合理。

买　家："这户型太大了。"

经纪人："王先生，不好意思，请问您是认为面积太大了，还是对户型不太满意？"

买　家："这么大一套房子，却设计成这样，非常不合理！你看这个房间，这么小，一张床放下去就装满整个房间了。"

经纪人："哦，王先生，是这样的，这个房间最初设计是佣人间，所以面积相对来说就比较小。这样的面积，我建议您可以把它改造成一间书房，您是公司领导，平时肯定要处理很多公务，肯定需要一个安静的环境来作书房，这间房子正好适合。

而且，除了书房，还有三个卧室，您一家三口足够了。"

买　家："书房？好像不错。"

经纪人："是的，在墙壁上装一面书柜，放您的书和文件，在这里放一张计算机桌，如果您喜欢，还可以在靠窗的地方放一张沙发，这样您办公迟了，也不会影响您太太休息。"

买　家："嗯，这主意不错。"

点评：面对买家的疑虑，房地产经纪人专业的建议会让其看到房子更多的购买价值。当买家意识到自己担心的问题其实是可以解决时，购买的欲望也会在瞬间增强。

困惑59　"这户型太小了，不够大气"

错误应对

1. "不会的，小户型也可以很大气。"

点评：大气的装修风格是由装修效果决定的，并不取决于户型的大小。像这么笼统简单地提一下，并不是专业的做法。

2. "可是小户型总价便宜。"

点评：这样回答只是单纯用价格便宜来弥补这个不足，是一种非常欠妥的处理方式。

3. "小户型的房子就是这样，要不您看看大户型？"

点评：这样回答相当于而且轻易放弃了已为买家匹配出的房源，使得之前的工作都徒劳了，又不得不重新为买家寻找新的房源。

困惑解析

一般来说，房地产经纪人在带客看房前都会先与买家沟通，按照其要求匹配房源，合适了才带看。然而很多买家对房子的面积和空间并没有一个具体的概念，往往会把70平方米左右的房子想象成90平方米的空间。如此一来，当实地看到房子时，买家就会感觉有较大的差异，尤其是一些喜欢大气风格的买家，会提出"小户型不够大气"这样的异议。在确定了买家的预算后，我们就不要轻易放弃，不要买家一说"小户型不够大气"就转向推介大户型，而应该想办法改变其观念，让他们认识到小户型也可以有体面大气的一面，而且非常经济实惠。

首先，经纪人可以建议买家在装修上多下点功夫。如把客厅和餐厅之间的墙壁打通，起到延伸视线的作用；在客厅的墙壁上装两面大镜子，同样可以有延伸的视觉效果；或者买小尺寸的家具，可占用较少的空间等。

现在购买小户型的买家多为首次置业、中等收入的年轻人，促使他们购买小户型的主要原因还是因为其总价不高。因此，我们还可以为其计算购房费、税费、物业管理费、装修费等各项费用，这些费用主要都是依据建筑面积来核算的，以此向买家表示小户型不但会减少目前的购房费用和经济压力，而且会使他们的后期养房费用降低。此外，还可以向买家传达一个小户型等于过渡住宅的观念，表示这只是作为首次置业的过渡性住宅，等以后经济水平提高，二次置业时便可购买大户型，这样就会减轻现有的经济负担，这才是家居生活的发展方向。

也有些买家是多次置业的投资者，他们倾向于在商务中心区及其周边购买房价适中的中档楼盘，期望用较低的投入获得较高的回报。他们提出此类异议，通常是想获得一个更合理的价格，对于这类买家，我们同样可以给他们一些装修建议，再用小户型低总价和租金，以及未来的升值潜力来让其综合考量。

正确应对示范1

买　家："这户型太小了，不够大气。"

经纪人："王先生，目前这种80～110平方米的户型是市场上最畅销的，尤其受到像您这样的年轻人的喜欢。因为它不仅实惠，而且非常实用。就拿目前市场上流行的120平方米的三居室和这套95平方米的三居室来说吧，120平方米的三居室总价最少高出35%，而且装修费、物业管理费和其他各种费用也会相应增多，这是一笔非常大的开销。对您来说，现在以事业为主，小户型只是一个过渡性的房子，将来有更强的经济能力时，实现二次置业，把这套房子转手，便可以买一套大户型好好享受生活了。"

买　　家："现在房价这么不稳定，哪知道到时候房价怎么样？"

经纪人："我做房地产这行也四五年了，选择小户型做房地产投资是较稳定的，不但成本、风险相对大户型小一些，而且灵活性也较大，出租转手都很容易。您现在是自住、投资两不误！"

买　　家："如果多来几个朋友，房间都坐不下吧。"

经纪人："王先生，我们年轻人每天上班早出晚归的，双休日不是在家休息就是出去玩了，在家的时间也不多。而且现在大家很少在家招呼客人，有客人来了可以去茶馆、咖啡厅喝茶、聊天、听听音乐，又轻松又体面。您也不用担心您夫人要经常收拾屋子或影响了他们的休息。"

点评：对于处在事业上升期的年轻置业者而言，经济实惠常是其最关注的条件。从这个条件着手，买家就会更容易接受。

正确应对示范2

买　　家："这户型太小了。"

经纪人："王先生，我能理解您的感受。之前有个买家在我这里买了差不多面积的房子，起初他也和您有同样的疑惑，但是买下来之后，通过一些简单的装修和调整，现在对自己的房子非常满意，而且一点儿也不小气，朋友都说买得值。"

买　　家："哦，他是怎么装修的？"

经纪人："您会觉得不够大气，是因为这个客厅显得比较小，对吧？"

买　　家："嗯。"

经纪人："其实很简单，您可以把客厅和餐厅中间的这道墙打通，这样客厅的空间就变大了，看起来一点儿也不小。"

买　　家："不好吧，这道墙还是要的，在客厅吃饭，显得不雅。"

经纪人："如果您不喜欢也没关系，在客厅墙面上装一面大镜子，这样视觉延伸了，视觉效果就像是大客厅一样。还有，我们年轻人讲究精致，根本不需要买多大的沙发，摆一些比较个性的椅子，既美观又省空间。"

买家很满意。

经纪人："王先生，老实说，现在很多像您这样的年轻人找我买房，我都推荐像这样的小户型。因为它不仅实惠，而且实用。现在买房不仅仅考虑到总价，还要考虑到税费、装修费、物业管理费还有其他相应的费用，这些都是依据建筑面积来算的。我们正是创业的时候，小户型只是作为过渡住房，完全可以等几年后，再买一套大房子享受生活。"

买　家："你说的对，我一个同学在××花园买了套130多平方米的房子，现在每个月的房贷都压得他喘不过气来。"

经纪人："是的，现在正是创业的时候，不应该就让房子成为负担。现在这样的小三居非常抢手，早上在店里您也看到了，很多买家都在找类似的房源，如果不及早下定金，恐怕别的买家就会先定了。"

点评：只是大概地说一下房子小但是经济实惠是无法让买家消除顾虑的，可细致到税费、物管费等方面的分析才能让其看到你的换位思考，从而更容易被你说服。说不定他们还能因此而成为你的忠实客户，等其有能力换房时，还来找你。

困惑60　"才一个卫生间？现在不都是双卫吗？"

错误应对

1."没办法，这套房子就是只有一个卫生间。"

点评：这样相当于没有回答买家的问题，买家的异议仍旧存在。而且，刻意不去解释，很容易让买家有不被尊重的感觉。

2."您一家三口，一个卫生间就够用了，双卫纯粹是浪费。"

点评：这样的解释有些牵强，买家会认为你是为了把房子卖出去而随意找的说辞，缺乏足够的说服力。

3."少个卫生间能省下不少钱呢。"

点评：从省钱的角度出发说服买家是个很好的做法，但是要注意表达方式，应让其更加真切地感受到省下来的具体数目。

困惑解析

小户型空间安排相对紧凑，无论一居、二居、三居，一般都只有一个卫生间。对于这个问题，有的人认为无所谓，有的人则把其看作是一个缺陷。虽然这个缺陷对于大部分人而言都不是问题，但是我们同样不能忽视它，同样要对此进行分析找到解决的办法。

针对"只有一个卫生间"的问题，我们可以从三个方面来弥补其不足：一是省钱，在买家面前计算出一个卫生间需要支付的钱，建议买家与其多花十几万元几十万元在一个也许利用率并不高的卫生间上，还不如把这部分钱用在装修上；二是省事，多个卫生间要多装修，而且经常需要打扫，增添麻烦；三是没必要，一家三口没必要使用两个卫生间，也不会经常有客人串门，客卫一般派不上用场。

当买家提出异议时，我们千万不要急于否定和辩解，而是像处理其他异议一样，先认同买家，然后同买家一同分析这个异议，寻找可以弥补的办法。最后，要建议买家权衡其中的利弊，综合考量，以期买家做出最适合自己的选择。

正确应对示范

买　家："这房子怎么才一个卫生间，现在不都有双卫吗？"

经纪人："是的，现在很多房子都有双卫。不过说起来，三口之家，一个卫生间就够了，对于大户型，双卫确实是很有必要；但对于小户型，双卫其实就是开发商的一种噱头。您算算，一个卫生间5平方米，就算25000元/平方米，也要十二三万元，花十二三万元买个卫生间，您觉得值吗？还不如把这部分钱用在装修上。"

买　家："有时候朋友来什么的，一个卫生间就不方便。"

经纪人："您经常有朋友来串门吗？"

买　家："偶尔。"

经纪人："是的，亲戚朋友都只是偶尔来串串门，客卫一般都派不上用场。就像我们买手机一样，高端智能机大几千上万元，功能很多，但是很多功能其实我们根本就用不上。"

第四章 房源推介环节的困惑解析

买　　家："也是。"

经纪人："还有，卫生间需要经常打扫，多一个卫生间，您太太打扫起来又累又麻烦。还浪费水电，增加开支。所以说，一个卫生间对您的家庭来说足够了，没必要多花七八万元的钱在这里。"

点评：数字是一个奇妙的东西，它可以从视觉和听觉上给人以强烈的感官刺激。作为房地产经纪人，我们要善于运用数字来叙述，有了具体数字的支持，我们的分析就更有分量，也更容易被买家接受。

困惑61　"我看过××花园的房子"

错误应对

1. "没关系，我给您全面分析下这套房子和××花园的优劣势……"

点评：毫无疑问，分析比较肯定有必要，但更要结合买家的实际需求来解决问题。

2. "××花园的房子有什么好的，他们……"（大肆攻击其他竞争房源）

点评：一味地攻击其他竞争房源，买家不但不觉得你所推介的房源更好，甚至可能因此对你产生怀疑，继而失去对你的信任。

困惑解析

在购买过程中，买家往往会"货比三家"。对比的情况是不可避免的，所以回避的方式并不可取。况且，利用对比，我们也可以将自己房源的优势更好地体现出来，打动买家。可以这么说，世界上没有一套十全十美的房子，而且由于每个人的眼光、个性需求都不一样，任何一套房子都有不适合的特点。因此，当买家拿竞争房源进行对比时，我们根本没有必要慌张，更不用去恶意攻击它，只需要比较论证，让其认识到各自的优劣势，综合考虑以做出最适合自己的选择。

（1）肯定对手。当买家拿竞争房源对比时，我们不但不能去攻击它，反而应客观、公正的态度同买家一同讨论竞争房源。尤其是买家提出的竞争房源的某项优势是显而易见不容置疑时，我们就更不能对此视而不见甚至极力否定，而应肯定该优势和认同买家的观点。

有些房地产经纪人会认为，肯定对手的方法不可取，其实大可不必担心。如果买家内心真的认为竞争房源更好的话，那为何还要来找我们看房呢？买家拿竞争房源比较，不过是要了解我们的看法而已，而个人看法没有什么绝对的对与错，个人看法和观点取决于这个人了解和掌握信息量的多少，所以完全没必要与其争执。

（2）陈述标准。奔驰VS宝马，谁更好？对于这个问题，相信不同的人会给予不同的答案。因为每个人的出发点和看问题的角度不同。如果说奔驰强调高贵，宝马则强调豪华；如果说奔驰强调稳重，宝马则强调动力；如果说奔驰强调正式，宝马则强调非正式。

同样，买家所举出的竞争对手的优势，通常也是从某一具体方面进行的比较，或者说是以某一方面作为衡量标准。通过陈述标准，让买家意识到评价一套房子的好坏有不同的标准，进而说明不同的人的要求也是不一样的，只有最适合自己需求的房子才是最好的房子。这样，就能让买家明白好房子是因人而异的。

（3）化解对手的优势。体育比赛时，教练组通常会派人收集竞争对手的资料，不断地研究对手的比赛录像，以便做到知己知彼，百战不殆。

同样，当和买家沟通竞争房源和自己房源的优劣势时，应向买家传达更多更全的参考信息，综合考量，分析出哪些房子更能满足买家的需求，帮助买家选到"最好"的房子。

正确应对示范1

买　家："不会吧？这个小区的绿化率才35%？我看过××花园，他们的绿化率估计有40%以上了。"

经纪人："是的。单从绿化率方面来说，××花园确实做得不错。不过……"

点评：买家所说的竞争房源绿化率比我们高是没有错的，如果你直接反驳他们，必然会招致买家的反感。

第四章　房源推介环节的困惑解析

> 正确应对示范2

买　家："我前几天看过××花园的一套房子，他们的公摊面积才13%呢。"

经纪人："陈先生，不知道是不是您听错了还是哪个房地产经纪人介绍错了。对于高层住宅而言，公摊面积只有13%是不可能的。据我所知，他们的公摊面积都在20%以上。"

点评：有时候，买家所说的竞争房源的优势并不是真实的，此时我们应予以委婉的反驳。

第五章

处理价格异议环节的困惑解析

困惑 62　还没看房，买家就问"有谈价空间吗？"

> 错误应对

1."应该可以，您看满意了，我找业主谈谈看看能便宜多少。"

点评：不要在一开始就给买家传达"有谈价空间"的信息，否则即使买家看房满意了，也很可能在讨价还价环节上放弃购买。

2."没办法，业主报的价格已经是非常实在的了。"

点评：买家在还没看房时，根本不知道这房子到底什么样的价位才叫"实在"，才叫"合情合理"。你的这种应对很有可能会让买家放弃看房的想法。尤其是当买家的心理预期与业主报价有较大差距时，买家就很可能选择放弃。

> 困惑解析

对于二手房销售市场，现在房价那么高，动辄几百万元上千万元，只要能稍微

第五章 处理价格异议环节的困惑解析

打点折降点价,就能减少十几万元甚至几十万元,这相当于普通工薪阶层一年甚至好几年的工资,谁会轻易放弃呢?因此,买家对价格问题总是非常关注,几乎没有一个买家在购买二手房时不谈及价格的,即使他们觉得希望渺茫,也是不会轻易放弃。

因此,我们这里所说的"非谈不可才谈",是指必须在除了价格之外,买家对房源已经完全满意,只要价格谈妥就可以马上成交时才与买家商谈价格。否则,在经过一番讨价还价之后,由于买家还有不满意之处而不能下决心购买,那所有的一切谈判都白费了。这道理其实很简单。如果有人告诉我们说,其有一款衣服很便宜,在没有看到衣服款式并试穿之前,我们会因为它便宜就买吗?恐怕不会。因为我们还不知道衣服到底好不好看适合不适合我们,便宜又有什么用呢?

同样,当买家还没实地看房或者对房源基本情况都还不了解,更没有产生购买欲望时,这时候就询问能否谈价,从积极的方面来看,这可能意味着他们真的对这套房源有需求有兴趣;从消极的方面来看,如果冒昧地告诉他们是否能谈价,那么很可能就失去了这位买家:如果告诉买家不能谈价且目前的报价超出其心理预期或购买预算,买家可能就会因此而打"退堂鼓",或者可能导致买家先入为主,觉得根本不值这个价;如果告诉买家能谈价,到时买家真的看了房,就会无休止地要求降价。

实践证明,当买家尚未对房源产生购买兴趣前,无论此时报出怎样的价格,买家通常都会提出异议,这是买家的普遍反应。当然了,我们也不能对买家的询问置之不理,面对这种情况,通常是先与买家沟通房源本身的具体情况,然后再谈价格。

正确应对示范

买　　家: "350万元?还有谈价空间吗?"

经纪人: "陈姐,我们先去看下房子,如果不满意,先讨论价格就没意义了。您说是吧?"

点评: 在三十六计里,"迟缓法"通常被称为"缓兵之计",即在买家还没有看房满意或者说没有形成购买意愿之前,不要与其讨价还价,否则只是在做无用功。

困惑63 一听报价，买家就脱口而出"太贵了"

错误应对

1．"一分钱一分货，好房子当然不便宜啦。"

点评：这种说法虽然在理，但却缺乏有力的支持，无法令买家改变议价的念头。

2．"这已经不算贵了，原来的价格比现在还高呢！"

点评：买家认为"贵"，是跟自己的心理预期比，而不是和之前的价格比，因此这样的回答并没有消除买家"贵"的感觉。而且，很多买家听到原来更贵，会推测房价目前在降，或者这套房子很可能是有什么原因才会降价，或者觉得以后可能降得更多，从而会更加谨慎。

3．"这个价哪里会贵？您看看这个片区的成交价。"

点评：这种说法过于激将，对买家不够礼貌也太过冒险，应该在比较确定买家的购买意愿后再提出，否则只会是激起他们对你的不满，令买家当场离去。

4．"那您觉得要多少才不算贵呢？"

点评：面对买家议价等情况时，切忌使用反问口吻，这样容易令自己陷入价格谈判的尴尬局面。

困惑解析

在听到报价后，可能有很多买家都会先感叹："太贵了吧？"，一些房地产经纪人在听到买家说出"太贵了"这样的字眼，认为他们会就此打退堂鼓或拼命地杀价。事实真是如此吗？

每一位消费者都希望能够购买到物有所值甚至是物超所值的商品。在他们已经产生了购买兴趣的情况下，为了能尽量以最小的代价买到自己心仪的东西，他们大多会与销售人员进行最为关键的一次交锋——议价与守价。换句话说，感慨价格过高已经

第五章　处理价格异议环节的困惑解析

成为消费者的一种习惯，而不管这个价格是否真的是远高于商品价值。尤其是面对房产买卖这种金额高、风险也高的交易时，一旦议价达成便可省下不少钱。所以，即使是在房子条件不错、价格也适当合理的情况下，买家依旧会对价格有所异议，仍旧觉得会有一定的议价空间。

面对买家的此类价格异议，单纯地与他们争论价格是毫无意义的。正确的做法应该是：在此时多向买家介绍房源的各种特点，证明其价格的合理性，让其清楚了解到此套房源确实值这个价或者物超所值。只有这样，我们才能够打消买家对价格的疑虑，交易的顺利进行也才有了可能。

因此，当买家听到报价就说"太贵了"时，我们可以根据其具体的需求以及情况的不同，有选择性地向买家说明房源的特点，例如：

—— 房源户型结构设计得非常好，有效地利用了每一方空间。

—— 房源所处位置好、路段好、交通便利，自己上班和孩子上学都非常方便、省时。

—— 房源周边生活配套以及市政设施完善，生活相当便利等。

需要注意的是：在向买家描述这些特点时，我们尽量以未来生活场景的方式展现，以让买家深刻感受理解房源的价值所在。事实证明，买家越能理解到房源的价值，对价格的考虑也就越少了。

正确应对示范

买　　家："小刘，这房子多少钱一平方米？"

经纪人："肖先生，业主报价56000一平方米。"

买　　家："56000？太贵了。"

经纪人："肖先生，这种条件的房子卖这个价，真不算贵了。咱不说别的，单看这个户型，一进门就觉得敞亮、通透，您家里有两个孩子，住得舒服了，孩子的身心才能更健康。而且，小区对面就是幼儿园，150米外就是小学，接送方便，早上起码可以比别人多睡半个小时。学校附近的房子之所以这么抢手，可以让孩子进好的学校确实是一个重要原因，但我认为更重要的正是这多出来的半个小时。睡眠对于一个孩子而言太重要了，睡眠好了，孩子的心情就好，心情好了，吃饭就好，身体就好，上课有精神了，成绩自然就好。而且咱们这个小区本身也开阔，又有专为孩子们设立的滑梯等设备，孩子们一定会爱上户外活动，有许多和其他小朋友交流互动的机会。您觉得呢？"

点评：对于这种大宗商品，买家在购房时第一感受很容易是价格高。但是很多时候，他们的这种感受与价格本身其实并没有太大的关系，这只是因为大多数买家还不太具体了解商品的价值所在。任何一套房源的特点一般都有很多方面，但真正能唤醒买家的耳朵去听、唤醒买家的眼睛去看、唤醒买家的大脑去想象的，一定是要根据买家实际情况和需求，以此让其做出最适合自己的选择。

困惑64 "前天看的××花园那套每平方米才×××元"

错误应对

1. "××花园的房子能和这里比吗？根本不是一个档次的，怎么能比？"

点评：即使××花园的档次确实和这里差异较大，也不能用这种极度否定的语气来回答买家。因为这样的回答会让其觉得心里不舒服。而且，这种回答会让人感受到有恶意诋毁竞争对手的可能，从而容易让其对你产生不信任感。

2. "房子不一样，价钱自然也就不同了。"

点评：这样回答只是对事实的陈述，其实并没有改变买家的想法，属于消极应对。话说得即使没错，理也是这个道理，但却难以改变买家的疑虑。

3. "那您非要这样比较，我们也没办法。"

点评：这样回答更为消极，不仅没对买家的异议做出任何解释，而且会让买家觉得你不尊重他们的诉求。

困惑解析

对于普通百姓来说，一套房子可能影响到两三代人的生活幸福指数，所以购房绝

第五章　处理价格异议环节的困惑解析

对是一项重要的家庭决策。对于如此重要的决策，通常情况下整个大家庭都会参与选房，再经过仔细的权衡比较后才能最终做出决定。所以在议价时，他们就会将竞争房源来做对比，对报价提出异议。对于这种情况，我们房地产经纪人该如何应对呢？

购物讲究精挑细选，尤其是购房这样需要动用较大资金的消费行为，消费者一定会更加谨慎，通常不会在刚看完房后就立即做出决定。曾经有位高中数学老师，在买房时利用自己的专业所长计算出几套房子的优缺点，最后才从中挑选了一套自己认为最适合的房子。虽然一般情况下购房者在数学知识储备方面不及这位老师，但是想要以最合理的价格购得最适合的房子的心情却是一致的，所以他们在价格谈判时，都会与竞争房源仔细对比分析。

因此，在看房时，买家根据竞争房源的价格对经纪人提出的价格提出异议，也是一个非常普遍的现象。在这里要注意，为了避免买家产生抵触情绪，我们不能刻意攻击其所提出的竞争房源，因为否定了买家提出的比较对象就相当于否定了他们的看法。试想一下，假如你身边的人一直贬低你认为还不错的新朋友，你怎么可能会开心呢？

遇到买家将其他价格较低的房源同我们的进行比较以此砍价时，有经验的房地产经纪人往往会先肯定买家的眼光，然后再与其一起分析这两套房源的特点，从而使买家清楚地知道高出的价格也对应着房源更多的优点。

处理这种价格异议，我们可以借力打力，运用"比较法"，通过比较论证的方式，将"人无我有、人有我优"的角度传达给买家，让其清楚认识到该房源所能够为他们带来的更好的生活体验，这样价格的差异感也就自然而然地变小了。在描述房源特征时，要客观地把信息全面地传达给买家，这样才能使买家选到最适合自己的房子。当然，主要仍应着力于买家最核心的需求。此外，在比较之前，我们首先要对买家表示肯定，这样更有利于后续工作的展开。其实作为买家，他们也都明白一分钱一分货的道理，只要我们能够以公正、客观的角度去分析问题，站在他们的立场考虑问题，买家自然是会信任我们专业的看法的。

利用比较的方式来处理这种价格异议的情况，需要我们对房屋资源、周边环境以及相似房源有清楚的了解和认识，这就要求我们在平时做好市场调查工作，积极了解周边市场情况，精确统计各项信息并熟记于心，这样才能在买家提出比较时对各类房源情况信手拈来，应付自如。

正确应对示范1

买　家："我们前天才看过××小区的一套房子，人家一平方米才48500元。"

经纪人："孙小姐，您说的是没错，那边的房子的确比我们这个小区便宜，之前我也有卖过那个小区的房子。他们的价钱虽然低，但您看看，这套房子的户型结构和装修是不是更好呢？每一个细节都很到位，不浪费任何一寸空间。而且我们这套房子周边环境也都没的说，您去问问周围的居民就知道。住在这里安全问题是绝对不用担心的，且不说小区装有最先进的监控系统，这物业也是全国口碑数一数二的优秀公司，认真负责，多花一些钱，就能得到这么多保障，您说是不是物有所值呢？"

点评：物有所值，是每个消费者的诉求。在这里，运用"价值强调法"，把房源的价值或者将买家的核心需求再次向买家说明清楚，让其明白一分钱一分货，房源贵有贵的道理。

正确应对示范2

买　家："我们刚刚才看过边上××小区的另一套房子，人家一平方米才51000元。"

经纪人："孙先生，您说的没错。我想请教您一个问题，您喜欢开A级车还是喜欢开B级车？"

买　家："当然是B级车了。"

经纪人："那就对了。它们的各项性能肯定是没法比的。这套是海景第一排，而边上××小区是海景第二排。海景第一排和海景第二排肯定是没法比的，谁都希望能毫无遮挡地在家看到海。"

点评：价格和价值之间必然还存在着差异性。这里运用了"三明治法"，在价值之上再添加附加价值，从而证明当前房源价格高是有道理的。

正确应对示范3

买　家："不会吧，53000？对面的××花园才47000不到呢？"

第五章　处理价格异议环节的困惑解析

经纪人："您能看出这本笔记本多少钱吗？还有另外一本呢？您仔细看一下，可以先看看它们的材质，如果只是这样看，您根本看不出哪一本值8元，哪一本值5元。您看，这么小的商品就如此，像房子就更不用说了。"

点评：这是"类比法"的常见方式。它的目的是通过其他类型产品的价格状况说明不同品牌、不同型号的价格不同。运用这种方法需要注意的是，就事论事，与买家一同站在客观的角度分析产品，最好能举出一些不同类型产品的价格现状，如可以说"您看汽车，同样是汽车，A级车和B级车的价格就是不同，没有一个人说是B级车贵了，原本两种车型的定位受众就不同。"

困惑65　"怎么又涨价了，朋友上个月买才31000元"

错误应对

1. "不会吧，去年这片区的房价就已经超过31000了。"

点评：不顾及买家感受，买家心里就不痛快，自然工作就很难开展下去。这主要是因为他们并不是时时关注二手房交易市场，这样回答，只会在无形中给成交带来更多障碍。

2. "还好啦，半年了也就涨了1000元。"

点评：这样随意的回答显然太不尊重买家了，一个不会站在买家角度考虑的房地产经纪人，是不会得到买家的信任的。

3. "是的，看这趋势，房价必然还要涨，所以现在得赶紧买呢。"

点评：这样的回答可能会加强买家的危机意识，但过于强调可能让买家认为你在危言耸听。

4. "你朋友买的应该是顶楼或者是靠马路的那排吧，否则31000哪里买得到。"

点评：这种先入为主的回答很容易会让买家更关注以单价31000元成交的可能性，而忽略了"只有顶楼或靠近马路"这个前提条件。

二手房销售的艺术
为你解决96个二手房销售的困惑

> **困惑解析**

曾经在报纸上看到过这样一个报道：一个购房者在售楼处准备买房，刚开始一直犹豫，就到售楼处外走了走，买了个煎饼，边吃边想。结果，等他想好了再回到售楼处时，房价已经涨了，一套房子多了十几万元！网友们后来都戏称，这是中国最昂贵的煎饼，一个煎饼十几万元呢！

购房对于普通家庭来说是一项巨大的家庭支出，买家对房价的涨跌势必非常关注。尤其是一听到又涨价了，买家的确会更加犹豫。因此，对于买家所提出的"怎么又涨价了"这样的异议，我们房地产经纪人首先要表示理解，同时向其解释涨价的理由，从整个市场环境和房源的具体情况分析，也提醒买家尽快做出购买决定。

向买家解释涨价理由，其目的还是在于要唤起其危机意识，促使他们尽快下定购买的决心，以免房价再次上涨。这时，我们可以列举一些买家实例，让其明白如果看到适合的房子不及时出手，房价可能就在其犹豫的间隙涨上去了，想要以原来的价格就不一定能买到适合的房子。

除此之外，在处理此类异议时，我们还可以采用"迎难而上法"。其实，只要大家留心观察，就会发现这种方法在我们的日常生活中经常运用，如女朋友心情不好，告诉你不想出去时，你通常会说："就是因为心情不好，才要出去走走，释放一下情绪。"又如父母希望你考上大学，你说工作难找，考了也没用，父母会告诉你，就是因为工作难找，才更要考上，否则以后更难在社会立足。我们在二手房销售中常用的迎难而上法，也是运用了这一原理，其基本做法是：当买家提出某些异议以后，我们应该根据其所提出的观点，进行回复，如"这正是现在要赶紧买的原因"。这种方法通常运用在买家不是很坚持的疑虑上，更能派上用场。

> **正确应对示范1**

买　家："怎么又涨价了，我朋友上个月在这边也刚买了一套房子，一平方米才31000呢。"

经纪人："哦，是××这边的吗？不会的，有这么便宜的房子？您知道是哪个小区吗？"

买　家："具体哪个小区我记不得了，应该就是在这一带。"（买家表现出不确定）

经纪人："林先生，是不是您朋友没说清楚呢。您朋友会不会说的是马路对面那边的××山片区，那边房价是比较低，大概就是31000。金尚这片区，从今年开始就卖到35000～38000元这个价了，上个月××花园有一套还卖38800呢。"

买　家："哦，那有可能，××山和这边老会混起来。"

经纪人："我觉得应该是这样，要不这里不会有这么便宜的房子。如果有的话，我们中介肯定都会知道，甚至很多炒房客早就捷足先登了。"

点评：当买家提出异议时，我们可以对其观点表示认同，用具体数据来支持自己的说法，并为买家提供一种合理的解释，从而给予买家充分的尊重，以利于交易的顺利开展。

正确应对示范2

买　家："这套房子多少钱？"

经纪人："398万元。"

买　家："不会吧，这么贵！折合起来一平方米36000多！我朋友上个月也在这个小区买了一套，每平方米才31000呢。"

经纪人："不会吧，这个小区竟然有这么便宜的房子？18号楼16楼有一套三室两厅的房源，上个星期才成交，成交价418万元，户型、格局都和这套差不多。"

买　家："哦。"（买家不再反驳。）

经纪人："林先生，我想您那位朋友买的房子可能不是这个小区的。如果是附近的××小区，那倒是完全有可能。我这边就有一套××小区的房子，365万元，折合起来每平方米只要31800，要不等会我带您去看看？就是刚刚路上您问我的那一排旧房子。"

买　家："不用了，那么旧的房子哪里能住人。"

经纪人："是的，这一带的房子，就××小区的最便宜了。那边的房子之所以卖得比较便宜，除了房子比较旧之外，还有一点更重要的，那边不属于××外国语小学的划片招生范围，那里只能读××小学。您也知道，这个外国语小学和××小学可是差了好多。"

点评：具体的成交个案是最有说服力的，我们可以以此来支持自己的说法，同时也充分尊重了买家的感受。进而再通过结合买家的实际需求来匹配这套房源，使销售工作更加顺序地开展。

困惑 66 "我想再等等看会不会降价，现在国家在调控"

错误应对

1．"哦，那您就等到降价时再买吧。"

点评：这种回答有点像与买家赌气，除了会引起其不满之外，对处理异议于事无补，对促成交易更是没有任何帮助。

2．"哪里可能，就现在这个趋势，这几年的房价只会涨不会跌的。"

点评：房价的涨跌都是常态，如此轻易下结论，一来没有真凭实据买家不会相信你，二来如果将来真降价了，更没法向买家交代。

困惑解析

很多买家都会有"再等等看，说不定会降价"的想法。其实，有这种想法是非常正常的，毕竟大家都怕买贵了不划算，更何况这是一笔庞大的支出对于普通百姓来说压力非常大，自然会犹豫不决，也希望能够遇到更低的价格。

如何把握住买家的购买心理，激发其购买热情和欲望就看我们房地产经纪人的处理能力了。对于销售而言，同理心很重要，当买家提出这样的异议时，我们应以理解的心态去看待，对其想法表示理解。但是，我们不能因为理解就放弃这个买家，而应帮助他们，让买家明白遇到合适的房源不能犹豫太长时间。其实，消费者的消费心理和消费行为是会相互影响的，就好比有人排队的店越有人去，越是冷清的店越没人光顾的情况。为此，在说服买家时，我们可以举出一些有代表性的实例，帮助买家做出购买的决定。

正确应对示范

买　家："太贵了,我还是再等等看吧,现在国家在调控房价,说不定会降价呢。"

经纪人："陈小姐,说实话,我也盼着房价能跌下来。现在的房价确实不便宜,可是目前想让房价有大幅的下降是不太可能的。尤其是像这样的一线城市,地就那么多,而人口基数大且一直在增长,每年都会有许多人选择来到这座城市工作,怎么降价呢?刚刚那个签约的买家,其实从6月份就开始找我们看房了,之前也是一直觉得房价会跌,再等等再等等吧,结果现在一套房子多了二十来万元,现在非常后悔。"

点评：未来的房价涨跌谁也不知道,别一听到买家说"看看会不会降价"就急着去否认他们,而应对买家的想法表示理解,再通过列举法等让其认可你的观点。

困惑 67　"告诉过你了,少于 360 万元就不要来和我谈了"

错误应对

1. 先同买家谈价,谈到 360 万元时,再去找业主商谈。

点评：业主的这种报价可以区分为两种情况：一是业主报的价格合理,这就没什么问题。毕竟,业主既然说得这么坚决,谈价的难度肯定是会大于买家的。二是业主开的价格不合理,高于市场行情价,在这种情况下若还只是一味地同买家单边谈价,达成交易就会比较困难。

2. 放弃该买家,把房子推荐给其他买家,看能否有买家愿意接受这个价格。

点评：这样做无异于将价格谈判的主导权让给了业主,从而让自己处于被动地位。就算有买家出的价格与业主的报价 360 万元接近,也会让自己陷入困难的守价谈判境地。一味顺从业主,只会给自己的销售带来很大障碍。

3. 不停地周旋于买家和业主之间,希望双方能各退一步,以拉近双方的价格。

点评：业主已经做了"少于360万元免谈"的表态，我们在价格谈判上就很难拉低价格。在这种情况下，两头周旋对促成交易是无益的，我们要做的是促进买家与业主的距离，否则谈判难度会非常大。

困惑解析

当我们房地产经纪人代表买家与业主谈价时，可能会遇到一些较为难谈的业主，甚至有的业主会表示"少于360万元就不要同我谈"。对于这种情况，通常有三种可能性：

一是业主不想花太多的时间精力来谈价，直接开出了自己的底价。

二是业主为了把房子卖到较高的价格，从而提高了报价，希望买家能出一个较为接近的价格。

三是有其他中介在同业主谈价，业主想以此来稳定售价。

遇到在价格上表现得非常坚定的业主，我们房地产经纪人首先应当弄清业主的售房想法，是真的提供了房源的底价还是报价过高，或者是为了稳定售价。我们可以先报一个较低的价格，如果业主回应希望买家出高一点的价格时，说明价格还是有谈判的空间，那么我们可以继续分析业主这样的报价是出于有同行在竞争，还是业主本就想以一个较高的价格成交；如果业主态度坚定，那么就说明并没有多少杀价的空间，如果价格差距太大就没必要再和业主谈价了，否则不但价格谈不下来，还容易招致业主的不满。

正确应对示范1

经纪人："林先生，您好！我是××房产的小孙，今天上午我带去看房的那位买家对您××园的这套房子有兴趣，只是价格上还有些出入。买家现在出价是355万元，您看看是否能让一步？"

业　主："小孙，老实说，我现在并不缺钱，也不着急卖房子，之前已经说了，360万元是我的底价。少于360万元，就不要来同我谈。"（业主以不缺钱为由不肯降价。）

第五章 处理价格异议环节的困惑解析

经纪人："林先生，我知道您肯定不缺钱。只是我的这位买家真的很有购买诚意，人也很实在，您看能不能少一点？"

业　主："不行，我已经说得很清楚了，没有360万元不用找我谈。"（业主一再表示没有谈价空间。）

经纪人："林先生，是这样的，因为我的这位买家先前在另外一家中介那也看上了一套类似的房子，他觉得两套房子条件都差不多，您这套的装修风格他比较喜欢一点，于是就让我找您谈谈，如果在价格上能让一点，他就买您这一套，不考虑另外那一套了。您看，难得他这么有诚意，又爽快，毕竟找到一个合适的买家也不容易，您说是吧？"

业　主："355万元不行，如果他真的那么有诚意，你让他出高点。"（业主松口，表示愿意让步。）

经纪人："那您看您多少钱愿意卖呢，我好同他说一下。"

业　主："最少358万元，再少就不用再谈了。"

经纪人："林先生，您看能不能再少一点，因为买家也非常确定地告诉我他最多只能出到355万元。如果价格相差太远，可能很难谈得拢，您看这样行不行，双方各退一步，您这边也再让点，我同买家争取一下，让他出356万元。"（继续同业主谈价，其实买家还价357万元）

业　主："你也不用再说了，358万元，少一分都不行，低于358万元，就算了。"（业主表现出了不耐烦，不愿再谈价）

经纪人："好，我去与买家再谈谈，希望能成交。"（转向与买家谈价）

点　评：价格谈判是最敏感也是最艰难的一种谈判，很多时候需要经纪人反复在两者间协商。作为经纪人一定要善于稳定住双方的情绪，为最终能满足双方的需求提供专业的服务。

正确应对示范2

经纪人："林先生，您好！我是××房产的小孙，今天上午我带去看房的那位买家对您××园的这套房子有兴趣，只是在价格上大家还有些出入，他还了355万元的价格，我同他说了最少要360万元，但是他坚持要我来同您谈谈，看看您是否能让一步？"

业　主："不用谈了，我的底价就是360万元。"

经纪人："林先生，是这样，这位买家真的很有诚意。实话说吧，我昨天带他在××小区看了一套房子，和您这套格局、面积都差不多，他感觉也挺满意的。因为那套房子是其他中介的房源，所以我就尽量说服他买您这一套。他的意思是，如果您在价格上能让一些，他就买您这套；如果价格一点都不让，他就可能会选择另外那套了。您看，既然他这么有诚意，又这么爽快，您能不能少一点？"

业　主："355万元不行！他哪有什么诚意啊，××地产的小杨带过来的买家，开价就是357万元，人家这才叫诚意。"（业主表示有其他中介也在谈价。）

经纪人："哦，是这样。那行，我回去跟买家说明一下情况，看他能不能多出一些。不过你们的价格相差太远，可能很难谈得成，您看您能不能少一点，大概多少钱肯卖给他呢，我好同他谈。"（业主对价格坚定，只能转向说服买家。）

业　主："360万元，我说得很清楚了。"

经纪人："好的，林先生，我再和买家谈谈，看看他能不能接受。"

点评：只有弄清业主守价的真实原因，我们才好做下一步的工作筹划。如果业主态度坚决，我们就要考虑将重点转向说服买家。

困惑68　谈了好久，买家还是觉得"这个价格太高了"

错误应对

1. "那就没办法了，我已经帮您和业主谈过了，这已经是业主的底价了。"

点评：这种回答方式只会让买家觉得你不太在意他们的这次购买行为，即使你说的是事实，也很容易动摇买家的购买决心。

2. "这个价格还嫌高！"

点评：这种回答明显是不尊重买家的表现，也是在与买家对抗，是非常不可取的工作方式。

第五章　处理价格异议环节的困惑解析

困惑解析

买家议价的原因有三种：有的是对房源的价值把握不准，担心买贵了；有的是购买能力有限，希望通过议价来弥补差距，省一点是一点；有的是习惯性的压价。当买家提出价格异议时，房地产经纪人首先需要做的是明晰买家的还价原因，从而才能对症下药以消除买家的疑虑，帮买家解决购房问题。

摸清买家还价原因的一个简单方法，就是通过开放式的提问，来寻找买家提出价格异议的原因。对于那些充满信心，而意志坚定的买家来说，坦然地说出心里的感受并不是一件困难的事。例如：

——"您认为价格太高的原因是什么呢？"
——"您觉得合理的价格应该是多少呢？"
——"对于价格方面的因素，您是如何考虑的？"
——"您是觉得房子质量更重要呢，还是价格低一点更重要呢？"
……

只有买家说出了真实的想法，我们才能有针对性地予以解决。对于一些经济能力有限的买家，我们可以和他们探讨贷款、分期付款的方法，或者劝说他们购买较小面积的房子，力求为他们找到一个最合适的购买方式。而对于一些习惯性压价的买家，我们则应该动之以情晓之以理，同他们一起来协商一个最合理的价格。

正确应对示范1

买　家："我还是觉得这个价格太高了。"

经纪人："刘小姐，说实在的，如果单比较价格，这套房子的价格在这个片区是略高一些。不过，您也知道，房子都是一房一价的，即使同一个小区，楼层、朝向、装修不一样价格自然也会有所不同。像这套房子，它的楼层、户型、装修各方面的条件，是这个小区最好的。而且，业主还送全套家具电器，业主当时为自住所以都用的是好的产品，完全是属于可以拎包入住的那种。这么算下来，它的价格也是实在的。"

点评：价格异议往往并非针对价格本身，而是取决于价格与价值是否相符。当买家对房源的各方面情况都非常满意，只是纠结于价格时，我们可以帮助买家再次梳理房源的特点，是否更能匹配买家的核心需求，帮助其找到最合理的购房方案。

正确应对示范2

买　家："我还是觉得这个价格太高了。"

经纪人："刘小姐，是的，这套的确比较贵，要不您看看1楼的那套，它每平方米只要32600元。"

买　家："底层我才不要呢，通风采光都不好，而且还西晒。"

经纪人："那就是了。刘小姐，看得出来您更注重房子的居住品质。每平方米多个1000多，一套下来也就多个十几万元，买套更好的房子，住起来也更舒适。"

点评：当遇上比较坚定的买家时，不妨试试"差异法"。所谓"差异法"，就是当买家表示价格太高时，可以一套价格低但各方面条件都较差的房子给他们，让其在对比中切实体会到价格高低是取决于房屋的价值，条件越好自然价格也会相应较高。差异法的作用是让买家更能深刻体会房源的价值所在。

困惑69　买家让你帮忙与业主谈价，却不愿交意向金

错误应对

1. "公司规定，不交意向金，我们就不能去和业主谈价。"

点评：这样的做法太过直白粗鲁，有威胁买家的意思。虽然确实是有公司规定，但是这样做很可能会激怒买家，从而流失掉这位买家。

2. 买家不交意向金，就算谈到约定价格，也不约买家前来签约。

点评：我们所做的一切都是为了能够专业地提供服务，为买卖双方达成交易，满

第五章　处理价格异议环节的困惑解析

足两者的需求，只有交易达成我们才能更加体现经纪人工作的价值。这种做法看似在维护自己及公司利益，却忽略了业主方的感受，既然已经同业主谈好价格，却又无主动推进交易的达成，会使业主不满，导致下次谈价更加困难。同时，我们之前所做的努力就会被白白浪费。

3. 根据口头约定，帮买家谈价，谈到买家约定的价格后，叫买家前来签约。

点评：意向金是买家购买诚意的一种表示，光凭口头约定，难以形成法律约束力。即使你帮买家谈到约定价格，买家也很可能会找借口不来签约，甚至会压价，要求你再次去谈更低的价格。

困惑解析

在实际工作中，经常会碰到这样的情形：买家让我们帮忙去与业主议价，却不愿意交意向金。对于这种情况，该怎么办呢？

"意向金"也称"诚意金"，是表示买家在指定的理想价位有购买业主房子的诚意。在二手房交易中，当买家要求我们房地产经纪人去与业主商谈价格时，一般需要先行交付"意向金"，以保证我们房地产经纪人在帮忙谈到买家所要求的价格或其他交易条件时，买家会按该价格或该条件购买该房产。达成交易后，"意向金"一般自动转为定金；否则，"意向金"应返还给买家。

很多买家要求我们去与业主商谈价格，但是却不愿意缴纳意向金，都会说"你只管去谈，谈到××价钱，我就直接过来签约"。如果我们直接按照买家的要求同业主谈价，即使谈到与买家约定的价格，由于没有任何的约束力，有些买家可能会改变约定的条件，甚至会再次压低价格，再次要求我们同业主谈价的情况，这样一来，我们之前所做的努力就白费了，业主也会因此怀疑我们的能力，以至于给再次谈价造成不必要的障碍。

对于这样不肯交"意向金"的买家，我们应先向买家解释"意向金"的含义，并清楚表示如果没有在约定的时间内谈到约定的价格，意向金会如数返还给买家，以消除买家的担忧。

如果在解释之后，买家还是执意不愿意交意向金，该怎么办呢？我们面对的买家千差万别，不论遇到什么样的状况，都要懂得灵活应对，要做最好充足的准备。此时可以试着一边同业主谈价,一边做买家的思想工作。一旦谈到买家可以接受的价格时,我们可以让买家亲自出马,让其同业主面谈,而面谈的条件则是一旦谈成立即当场下定金。当然,我们在让买家直接同业主谈价之前,必须事先与业主做好沟通工作。

正确应对示范1

买　　家:"这样吧,你先帮我去和业主谈谈,如果能谈到380万元,我就买了。"

经纪人:"刘小姐,您出的这个价和业主的报价差距太大了,我怕不行。"

买　　家:"有什么不行的,三四百万元的房子,让个七八万元很正常。"

经纪人:"刘小姐,那不然这样,价格方面我尽量帮您和业主谈。但根据规定,在同业主谈价前,您得先交一点意向金,这样才能保证在谈到约定价格时,您会购买这套房子。"

买　　家:"意向金就不用交了啦,你谈到380万元,我肯定来签约。"

经纪人:"刘小姐,是这样的,在帮买家谈价之前先交诚意金,这是业内的规矩。您也知道,有些买家在谈到约定的价格后可能又不想买了,这样我们中介在业主那里就很难交代。其实,交意向金对买家是没有影响的,一旦谈到约定的价格,意向金就自动转为定金了;在约定的时间内没谈成,诚意金会返还给你们的。"

买　　家:"那好吧,我就先交个5000元的诚意金,在三天之内如果能谈到380万元,我就买了。"

点评:经纪人要掌握各种销售技能,既要保障自己及公司的合法权益,也要学习处理买家提出的各种异议。

正确应对示范2

买家要求房地产经纪人帮忙与业主谈价格,但就是不愿意下意向金。房地产经纪人看出该买家确实有诚意,只是担心意向金是个陷阱,所以不敢下意向金。

买　　家:"小陈,你们和业主谈得怎么样了?"

经纪人:"郭先生,您这可真为难我了。您也知道,这套房子各方面条件都非常

第五章 处理价格异议环节的困惑解析

不错,我同业主也谈了不下五次了,因为我们和业主之前就有过合作,所以业主也很给面子勉强退了一步,他能接受的最低价格是383万元,也就是给您优惠了5万元,和您的要求差了3万元。最近市场回暖,成交量一直在攀升,想让业主降价真的很难。现在就差3万元,对您来说真的不是什么问题,就一人退一步,以383万元成交了吧?"

买　家:"我说得很清楚了,我最多出到380万元。"

经纪人:"哎,郭先生,我是没有办法了,我都快磨破了嘴皮子,业主坚决表示非这个价不买。要不这样,我觉得您的谈价能力比我厉害多了,要不我约业主同您坐下来面谈,说不定您能说动业主再降3万元呢。"(与业主协商过后,让买家自己与业主谈价,业主答应降价的理由是让买家当场下定金,促成交易)

点评:清楚买家不愿支付意向金的原因对于解决问题而言是至关重要的。该买家明显有购房意愿,只是担心意向金有去无回。我们可以在与业主事先沟通好的前提下,让买家自己与业主谈价格,这样更利于交易的达成。

困惑70　业主开价380万元,买家还价350万元,怎么谈价

错误应对

1.(对买家)"您这价格和业主报价相差太大,没法谈成的。您看看能不能加一些?"

点评:买卖双方价格有差距时,单纯让一方加价,另外一方肯定会不满的。若两者提出的价格差距较小,让买家自行加价,买家也许会比较愿意,但如果双方价格差距太大,怎么加也很难加到业主想要的价格。

2.(对买家)"这没办法的,业主的底价就是380万元,少于380万元他(她)不会卖的。"

点评:购房置业对于普通百姓来讲是个大事,所以说买家一般都是有备而来,对于价格行情也多少有些了解。一开始就报出所谓的底价,不但无法取信于买家,反而

可能会让买家认为这可能并不是最终的底价，以至于影响了后续工作的开展。

3. 放弃努力，向买家推介其他房源。

点评：每个买家都会议价，这是非常正常的购买行为。如果因为买家还价与业主开价差距较大就立刻觉得没希望，继而转向推介其他房源，那么你的业绩肯定不会好。

困惑解析

相信大家经常会遇到这样的情景：带买家看房之后，业主开价380万，买家却还价350万元，开价和还价两者之间有如此大的差距，对于这种情况，作为房地产经纪人，我们就应做足准备，一定不能轻言放弃。

仔细分析起来，发生这种情况的原因不外乎两种：一是买家不了解二手房行情，怕吃亏，所以还了一个比较低的价格；二是买家对这套房子兴趣不大，借故开个低价。

（1）勿犯错误。当买家的还价远远低于业主的开价时，有些房地产经纪人会表现出不满的情绪，尤其是买家还价的价位明显偏离市场价格时。但是，请记住，买家还价是其权力，作为房地产经纪人，我们的职责是帮助客户解决需求，而不是横加干涉买价的还价。

（2）控制杀价底线。如果业主把房源委托给我们时已经谈过其所能接受的最低价格（也就是底价），那么我们在价格谈判前就要控制好买家议价的心理底线，否则会让自己处于一个尴尬的境地，业主认为我们没有能力，买家认为我们没有尽力。

——刘小姐，说实话，我也希望能以更低的价格卖给您，但这不是我能做决定的。不过，我可以帮您向业主讲讲价，看他能否让步，但是您要有心理准备，他之前说过少于375万元是不会卖的。

——江哥，您的心情我完全了解，现在的房价确实太高了，我尽量同业主帮您讲讲价吧，但是您最好有心理准备，这套房源各方面条件都很好，业主说过低于375万元是不会卖的。

——吴姐，我们也希望为您争取到更低的价格，但是关于价格问题，我们中介是没有办法做主的。我可以帮您同业主讲讲价，但是您最好要有心理准备，少于375万元业主是不会卖的,因为之前已经有买家和他讨论过这个价格了。

(3)为价格卡好位。劝说买家加价是件非常困难的工作,因此,我们在面对还价较低的买家时,一定要注意不能仅围绕着其出的低价来谈。否则,无论如何努力谈价,都很难让买家加到业主所开出的底价。也就是说,在价格谈判时,我们应与买家围绕高价来谈。

那么,如何才能与买家围绕高价来谈呢?如果我们直接告诉买家业主的报价就是380万元,那么买家可能会比较犹豫,反而可能会弄巧成拙,让买家怀疑我们的诚信。此时,我们可以借助之前关注该房源的买家的出价来进行价格卡位,如"上个星期有位买家出价370万元,业主都不肯卖",这样买家如果想要购买房源,他们就会围绕着这个370万元的出价来谈了。或者,我们也可以用同小区或附近小区的成交个案来进行卡价。这样,买家的心理就有一个比较明确的参考,也会出一个较为合适的价格。

实务中,二手房买卖的价格谈判往往需要经过数十个回合的谈判,一两个回合是难以达成交易的。在进行价格卡位时,我们最好引用一些和"380万元"这个业主的开价较为接近的成交案例。

正确应对示范1

买　家:"这套房子多少钱?"

经纪人:"380万元。"

买　家:"380万元,你开玩笑吧,太贵了,350万元还差不多。"

经纪人:"不会吧,上个星期2号楼的一个单元,户型、格局各方面条件都同这里差不多,就是楼层和装修差了一些,都卖到了370万元。您要是有心想买,就出个实价吧,要不这样我都没办法和业主谈。"

点评:进行明确的价格卡位,让买家在接近高价的370万元上加价。

正确应对示范2

买　家:"这套房子多少钱?"

经纪人:"380万元。"

买　家:"太贵了,这套房子350万元还差不多。"

经纪人:"陈先生,我怎么会跟您开玩笑呢,上个星期有位买家出到了370万元,业主都不肯卖。您要是有心想买,就请出个实价吧,这样我才好同业主谈价。"

点评:以成交的案例进行价格卡位,引导买家下一轮出价370万元以上。

困惑71　业主太会守价了,如何让其改变想法

错误应对

1. 算了,业主不愿降价就不降了,等过段时间还卖不出去自然就会主动降价。

点评:采用这种消极的态度处理这种情况,那估计每次遇到价格谈判时你都只能选择放弃了,因为没有业主会愿意降价的。

2. 这个业主太会守价,和他(她)不好谈,那就尽量找买家多谈谈,买家应该更好谈些。

点评:真的如此吗?业主不好谈,并不代表买家就好谈。如果业主的报价符合市场行情那还好说;如果业主的报价不符合市场行情,那找买家就更难谈价了。

困惑解析

买方砍价,卖方自然要守价。在让买卖双方当面谈判之前,如果没有事先做好业主的思想工作,很可能导致双方之间的谈判陷入僵局,让我们之前的努力付之东流。

遵守职业道德,是让自己更加优秀的基石,一位置业公司的老总在其博客上说过:"我认为现在社会缺的不是人才,而是忠诚的、有职业道德的人才。而在我们这个行业乃至很多行业恰恰缺的就是这些。"我们房地产经纪人是买方和卖方的连接纽带,并非卖方,是无法自行决定出售价格的。因此,我们不能为了自己的利益,私自提高卖方价格,也就是传说中的"吃差价";也不能为了促成交易,在未和业主协商

第五章　处理价格异议环节的困惑解析

之前就给予买家低于业主当初所报的价格。

对症下药才能药到病除。当业主坚守报价不肯让步时，我们首先需要弄清业主对于价格的心理预期以及原因所在，同时再针对其具体情况予以具体分析，运用自己的职业技能，为其解决问题。

正确应对示范1

业　主："我这个价格已经很实在了。"

经纪人："陈先生，投资房产更多的是短期投资，而不是长期投资。现在这个价位上涨空间已经不大，对于您来说利润也是很可观的。不如先收回资金，然后再寻找更好的房源进行投资，那样利润更高。"

点评："现值法"理论上是指设备的年维持费和残值，以基准收益率换算成设备投产初始时现值与初始投资费形成总现值代数和来分析比较的评价方法。简单来说，就是强调资金的循环利用，以及资金的时间价值。如果业主卖房是为了筹集资金，或是为了投资，现值法就能起到一定的作用，让业主觉得迅速回笼资金也是不错的。这样价格谈判的阻碍就会少很多。

正确应对示范2

业　主："我开的这个价格已经够低了，我一朋友告诉我还可以再涨个几百块钱。"

经纪人："郑先生，您说的没错，房价有可能继续上涨。不过，现在的房价普遍偏高，国家不断出台新的政策控制房价，近期二套房贷就调到了首付四成，贷款利率上浮百分之十，到时房价下跌是很有可能的。再说，现在这个价格在市场上也不算低了。"

点评：对于业主来说，最担心的就是房价下跌。对此，我们可以与其一同分析目前的市场环境，争取找到一个合理的价格。

正确应对示范3

经纪人:"张先生,您也知道,我前后已经带了不下十位买家来看房了,可是很多买家因为价格问题选择放弃了。眼前这位买家表现得很有诚意,您如果觉得他还不错,就退一步吧。"

业　主:"那好吧,那我就再让2万元,就358万元,这是最低价格了。"

点评:可以通过向业主列举之前带看买家对房源的反馈来为业主报价提供更客观的考虑因素。

正确应对示范4

经纪人:"您也知道,上个月你们小区6号楼501的万先生每平方米才卖31000元,你们的房子条件差不多,买家出31800元,应该说是不错的市场价了。"

业　主:"那好吧,那我就再让2万元,就358万元,这是最低价格了。"

点评:所谓"比照法",就是通过举出实例进行对比,让业主觉得这个价钱确实是行情价,并不会吃亏,从而愿意在原来价格的基础上退一步。这和买方价格异议中"比较法"的处理方式有点类似,可以互相参照。

困惑72　买家太会砍价了,如何应对讲价

错误应对

1. 算了,会这样议价的肯定是没诚意的,不理他们了,或带其去看便宜点的房子。

点评:会议价的就是没诚意吗?其实,议价是一种常见的购买行为,消费者都希望能以最实惠的价格买到最好的房子。而买家愿意议价的行为本身,就说明了其想要购买的诚意,只是对价格还有疑虑。

第五章　处理价格异议环节的困惑解析

2. 这个买家太会砍价，不好谈，那就尽量找业主多谈谈，业主应该更好谈些。

点评：同样，买家不好谈价，并不代表业主就容易谈除非是在房价下跌周期，且买家的出价也是合理的情况下。如果是在房价上涨周期或成交率高时，业主往往比买家更难谈价。

困惑解析

价格异议可以说是买家异议里最常见的一种异议，这无外乎有以下两种原因：只是对价格不满，要求降价；认为房源的价值与报价不匹配，报价过高。

因此，在进行价格谈判时，经纪人应先判断出买家是出于哪种原因而提出了价格异议。如果只是仅是对价格不满，那么我们该做的就是同买家共同梳理房源的各个条件以及市场环境，客观看待这个价格；如果买家的价格异议是出于后者的原因，那么我们就必须探寻其异议的真正原因。

了解真相最直接的方法就是"问"，以此找出买家提出价格异议的真正原因。如果买家真的有购买诚意，肯定会把内心想法说出来的。当买家说出内心的真实想法时，我们要给予一个满意的答复，并有针对性地解决。

正确应对示范1

买　家："360万元？不是吧，这也太贵了。"

经纪人："汪先生，您也知道，现在的房价都不低，照市场行情来看，这个价格已经不贵了。而且，从长远来看，买房比租房来得划算。一套房子就拿50年的使用年限来算吧，您一年只要花30000元，每天只要花80块左右的钱就可以拥有一套属于自己的房子。而租房呢，按照现在的行情一套三房的房子一年最少也要40000元，而且房子还是别人的。"

点评："价格分摊法"，又叫"分解法"，是指将产品目前所花费的价格按产品的使用时间或者次数进行分摊，这样计算出来的就会是一个很小的数字，从而使买家觉得这个价钱更为合理。同样的买家，同样的产品，不同的报价方式，得到的是两个不同的结果。

正确应对示范2

买　家："这套一平方米要35000元？那么贵，××小区有一套才33000元，户型什么的都还不错。"

经纪人："张先生，您说的没错，我们这里的价格是比××小区的高一些。那套房子的情况我也了解一些，户型是不错，但是小区的环境和周边设施同我们这里是没法比的。我们小区的安保很严格，环境卫生也做得非常到位，周边超市、银行、菜市场等生活设施非常齐全。您买房子就是为了住得舒适，这些因素都是要考虑的，不是吗？"

点评：对于买家的比较，你是如何处理这种情况呢？反驳？攻击？千万别这样做，攻击买家所提出的比较对象，等于否定了他们的眼光，容易使买家产生抵触情绪，还会让他们对我们的职业道德产生怀疑。最明智的做法应该是：先肯定买家的眼光，然后与其一同梳理房源的各种特点，让他们觉得"屋超所值"。当买家有了这种感觉后，往往就不会对价格那么关注了。

正确应对示范3

买　家："这套一平方米要35000元？那么贵！"

经纪人："虽然这套房子的价格比其他的贵了一点点，但是这套房子是南北朝向，采光性和通风性都非常好，况且它位于5楼这样一个最佳楼层，空气质量和视野都是最适合人们居住的。"

点评："FAB介绍法"告诉我们，在向买家推介时让其知道"你能收到的效果"很重要。一套房源越能提高买家的生活幸福指数，买家就越愿意花钱买它。当买家提出价格异议之后，我们要做的就是在了解其真实需求的基础上，有针对性地匹配它所能为买家的生活带来的便利之处。

具体来说，当买家提出价格异议时，不妨帮助他们从更多的方面来看待房源的特点：交通便利上班上学十分方便，坐北朝南冬暖夏凉，布局合理空间利用率大等。

第五章　处理价格异议环节的困惑解析

正确应对示范4

买　　家："每平方米35000元，我觉得太贵了。"

经纪人："要不您考虑下××小区601那套，那套只要30000元。"

买　　家："那套在一楼，很吵，又很潮湿。"

经纪人："王先生，看得出来，您更注重房子的居住品质。为了有个好的居住环境，也是值得的，对吗？"

点评："差异法"，就是当买家要求折扣、降价时，可以挑一套与买家提出的价格相同售价的房源，将两者进行对比，以此让买家感受到价格是依据房屋的价值确定的，好的商品自然价格就会高些。

正确应对示范5

买　　家："你跟业主说说，让他便宜点。"

经纪人："陈先生，很难得碰到您这么好相处的买家，您放心，我一定会帮您跟业主讲讲价，看能不能一人退一步。"

点评：在买家提出价格异议时，我们确实在为他们着想，尽力为他们争取最大的利益。这样议价就容易建立在相互信任的基础之上。

困惑73　买卖双方差价不大，可是谁也不想让步

错误应对

1. "杨总，是这样的，这位买家的确很有诚意，只是他才刚毕业没几年，预算不太够，您就便宜一点卖给他吧。"

点评：这种话可能由买家来说还好，由经纪人来说就不太适合了。

2. 多找找房源的缺点，以此让业主在价格上做出让步。

点评：这种处理方式只会让业主难堪，甚至不将房子委托给你卖。毕竟，谁也不愿意别人总是说自己的东西不好，而且说得过多或不注意方法，会让业主认为你只会为买家说话而不为他们说话。

困惑解析

价格是一个关键的话题，业主希望自己的房产奇货可居，能卖个好价钱，买家则希望购买的房产物美价廉。如此一来，对于我们房地产经纪人而言，如何应对买卖双方在价格方面的问询和质疑，就成了一个不可回避的问题。

为促成交易，在买卖双方价格出现分歧时，我们作为中介方，需要从两个方面去努力：一方面要降低业主的开价；另一方面则要拉高买家的还价。只有买家的价格等于或高于业主底价时，交易才会发生。

营销专家说过，遵循互利原则是达成交易的前提。卖方希望以尽可能高的价格卖出，买方则希望以低于房源价值的价格买入，买卖之所以会达成，必须是交易都满足了双方的要求。作为居间人，我们不能只照顾到一方的需求，而忽视另外一方的需求。形象点来说，就是要把买卖双方的需求放到一个天平上，不能有所倾斜。

最常碰到的情况是，业主们手里握着房产，守价的心如同磐石般坚定，而买家为了能用最少的钱买到自己最称心如意的房子，会不停地讨价还价。作为房地产经纪人，为了能促进买卖双方达成交易，我们真的是需要做足许多的工作和花费许多的心思，努力减小双方的价格差距。只要一方不满意，这个买卖就会中止，所以我们不能只顾着帮买家砍价或帮着业主守价。

对于买方，我们在理解其议价心理的同时，除了继续帮助他们分析房源的各种特点，以及与其需求的匹配程度之外，还可以告诉他们会在业主面前替他们争取降低价格。当然，通过分析市场环境，适当增加买家的危机意识也是一个不错的办法，如表明房源的稀缺性，让买家看看最近的成交记录，这些都可能引发买家的危机意识，促使其为了尽快成交而在价格上适当做出让步。

对于卖方，我们应为其分析买家的看房情况和购买诚意，如果业主的确出价太高，可以向业主建议适当退步，以一个居间价格卖出。要想让业主降价，我们应视业

第五章 处理价格异议环节的困惑解析

主个人情况及当时的状况而定,主要可从房屋特点、同类比较、市场行情及趋势、看房者数量等方面来说服其降价。

正确应对示范1

针对业主:

经纪人:"张先生,您好,我是××地产的小陈,您那套××花园×单元×××的房子现在卖多少钱?"

业　主:"360万元,我不是和你说过了吗?"

经纪人:"是的,张先生,您跟我们报这套房源时确实是出的这个价,但是您报这个价都一个月了,除了上周去看房的杨小姐比较有意向之外,好像也没有多少人感兴趣。所以想了解一下您现在是不是有了些调整。"

业　主:"反正我也不缺钱花,卖不了就先放着。而且,对于房价,我是看涨的。"

经纪人:"张先生,房价短期内确实是不会跌太多,但如果国家调控不放松的话,成交量肯定会萎缩。现在是看房的人多真正买房的人少,大家都在观望。其实您现在这个报价和买家的出价差不了太多,只要稍让一点就能够早日成交。时间拖得长了,即使房价不下跌,单是房贷利息也是一笔不小的支出。"

业　主:"话是这么说,可是买家才出355万元,实在是太低了。"

经纪人:"张先生,那您觉得多少价钱合适呢?"

业　主:"358万元,少一分我也不卖。"

经纪人:"哦,那和买家的价格还是有点差距。这样吧,张先生,我再和买家谈谈,看看他们能不能也提点价。"

业　主:"好的,如果买家同意358万元,你再和我说。"

点评:说服业主降价并不是件容易的事,经纪人一定要有理有据,要站在业主立场上,帮助业主分析状况,促成交易。

正确应对示范2

针对买家:

经纪人:"杨姐,上周看的××花园×单元×××的那套房子,您考虑得怎么样？"

买　家："360万元太贵了，我只能出到355万元。"（业主的底价是358万元）

经纪人："杨姐，说实话，找一套自己喜欢又适合的房子不容易，而且这套房子不但户型方正，装修也非常不错，更何况产权满5年还不用交增值税。"

买　家："如果楼层高点，360万元是还可以。可是2楼，这个价格就有点高了。"

经纪人："杨姐，这套房子虽然楼层低了点，可是它所处的位置好，出门就是公交站和地铁站，交通十分方便。再加上房子坐北朝南，无论是采光还是通风都非常好。这个片区有这样条件的房子可不多了。我有好几个同事的客人也在谈价，其中一个已经出到了357万元，业主都不同意。您要是真的有心想买，就出个实价。不过您一定要快哦，很多时候好房子就是这么溜走的。"

买　家："你再和业主谈谈，看看业主能不能降一点。"（买家口气有点松动了）

经纪人："杨姐，355万元业主肯定不会同意的。这样吧，您再加点价，我也好和业主谈。"

买　家："那这样吧，你去找业主谈谈，358万元卖不卖。如果还不卖就算了。"

经纪人："好的，杨姐，我再帮您和业主谈谈，能不能谈得下来我可不敢保证，不过我会尽力的。"

点评：以房子的独特优势及热销场景来提高买家的出价，帮助买家把关注的重点放在房子的特点与其需求的匹配程度，让买家感觉"物超所值"，才更能促进交易的继续进行。

困惑74　临近成交，业主却突然又要提价

错误应对

1. 立即向买家转告业主要提价。

点评：在成交之前告诉买家突然又要涨价，会使买家认为业主在漫天要价，根本

第五章 处理价格异议环节的困惑解析

没有出售的诚意。这种情况下，买家同意加价的可能性小之又小，甚至会因此放弃交易。

2. "您这种做法不妥吧，我们之前已经谈好价格了，买家也已经接受了，现在却又要提价……"

点评：房子是业主的，在没有签订合同之前，业主提价或降价都是他们的权力，房地产经纪人是无权干涉的。这样质问业主是根本无法说服业主放弃加价的，反而会引起业主的不满，要求业主降价或保持原来的报价更是不太可能发生。

困惑解析

当受到外界因素影响楼市成交有所回暖时，不少业主会在签约前突然提价，希望能卖个更好的价钱。业主突然提价后，意味着需要进入新一轮的价格谈判，多数买家此时都会比较犹豫是否继续购买该业主的房源，尤其是那些并不着急买房的买家，当房价不合适时他们可能宁愿先租房住。在二手房交易中，因为业主反价而没能成交的单子不在少数。因此，我们房地产经纪人要谨慎处理业主的反价。

实务中，业主突然提价主要有以下四种原因：

一是因为买家过于爽快，没有还价或者是还价力度和强度不够，导致业主心里产生"是不是卖便宜了"的想法。

二是因为近期二手房市场价格上涨，业主的心理预期价格也随之上涨。

三是因为业主在多家中介放盘，或者虽然只在一家中介放盘，但前去看房的买家非常多，且很多买家都有意向，从而让业主觉得自己的房子很抢手，从而提高了价格。

四是因为业主之前不了解行情或者之前着急用钱，从而报了较低的价格想快速变现。现在，业主了解了市场行情或者经济状况得到改善，觉得之前的报价偏低，从而提价。

针对业主"突然提价"的情况，我们不能贸然将业主提价的消息立即告诉买家，而应当先找业主沟通。如果贸然将业主的提价信息告知买家，会使买家认为业主，根本没有出售的诚意。这种情况下，买家同意加价的可能性很小，甚至会因此放弃交易。

在与业主沟通时，房地产经纪人应对业主动之以情晓之以理，从我们房地产经纪人所付出的费用和时间、精力说起，让业主感受到这个价格是我们付出相当的努力才得到的。沟通时，我们可以辅助运用"例证法"，增加业主的危机意识，如告诉业主之前也有此种情况出现，因为业主突然提价，两三个月内无人问津，最后不得不主动调整价格，浪费了出售的好时机。

如果经过沟通，业主还是坚持要提价，且目前买家很难接受业主的新价格，对此我们应告诉业主，除了这一套房源，买家还看了其他几套房源，如果提价了，买家就会选择购买其他房源了，也希望业主对买家放弃购买自己房源的行为表示理解。

正确应对示范

业　主："小张，你告诉买家，那套房子我现在要卖580万元，不是565万元了。"

经纪人："哦，杨先生，您是说要提价了？"

业　主："是的，565万元卖太亏了。"

经纪人："杨先生，您也知道，您的这套房子我来来回回带了不下十几个人看过，花了很大的力气，好不容易才谈到这个价钱。之前您也同意565万元成交，为什么突然间要580万元才肯卖呢？"

业　主："小张，不是我为难你，毕竟我房子的条件摆在那，这么好的房子565万元卖实在太亏了。其他中介也带了很多买家来看房，反应都很好。我相信580万元肯定能卖出去的。"

经纪人："杨先生，我知道，最近一手楼市有转暖的迹象，房价也有所上涨。但是二手房价格相对是比较合理的，近期内不会有多少波动。而且多数今年非得买房子的人，已经买了，剩下的基本上是不着急买的。买房者现在买房态度不急，您这样一提价，可能只会令房子更难成交。"

业　主："没关系，反正我也不着急用钱，不会急着要赶紧卖出去。"

经纪人："嗯，是的，杨先生，我知道您的经济实力肯定没问题。之前也有一位业主跟您一样，觉得自己的房子条件好，可以等等再卖。但是两三个月内无人问津，最后只能主动调整价格，浪费了时间不说，之后的交易也不是很顺利。"

第五章　处理价格异议环节的困惑解析

业　主："你觉得最近的房价走势会如何？"

经纪人："杨先生，我是这么看的，最近成交量确实有所回升，一手房价格也略微上涨了些。这主要是因为快年底了，一些刚需等不及了。但是，房价想出现前几年那样的暴涨局面是很难的。如果调控政策一直持续下去，房价下跌的可能性也不是没有。"

业　主："我也是这么觉得，就是我太太一直认为房价会上涨，所以想放一段时间再卖个好价钱。"

经纪人："杨先生，您太太的这种想法可以理解，卖房的肯定都想卖个好价格。说起来，现在这个价格也不低了，你们这个小区里还没有卖过这样的价格。这个买家比较着急，他是在上海做生意，过年回来给父母买套房子住，因为时间紧所以价格方面才没多砍价。所以，如果您现在提价，买家可能就会去买别的房子了，毕竟他很急着在年前办好。"

业　主："那这样吧，你先别和买家说。我晚上和我太太商量一下，然后再给你打电话吧。"

经纪人："好的。"

点评：当业主在成交之前突然要提价时，房地产经纪人应动之以情晓之以理，从自己一直以来为达到交易的辛苦付出和对其房源的客观看待，来帮其分析房源价格，以促成交易的达成。

困惑75　"你们中介费不打折，那我就不买了"

错误应对

1. "不好意思，我们公司规定中介费一律不打折，我也没有办法。"

点评：直接拒绝买家，会让买家觉得你不近人情，从而心生不满。

2. "实在抱歉，给您的已经是最实在的价格了，没法再优惠了。"

点评：这样不留余地地拒绝买家容易打击其购买的积极性。

3. "如果房子不好，我们中介费给您再多折扣您也不会要的。既然您这么喜欢这套房子，又何必计较中介费呢?"

点评：的确，与房价相比，中介费就是一笔很小的支出了。但作为买家，特别是不太了解中介工作的买家，也许他们会认为付得不值，自然会想着能多优惠就多优惠些。

困惑解析

在大多数一二线城市，一套房子的总价就有几百万元，中介费也是达到了几万元甚至十几万元。所以，在二手房买卖过程中，买家除了会对房价进行讨价还价，对于中介费也是非常在意的。要知道，看似小小的一点折扣，如果能争取到对买家来说其实也可以省下不少钱。因此，买家努力争取在中介费上的优惠。

面对买家不给折扣就不买房的状况，作为一名职业的房地产经纪人，我们首先要做的就是稳住买家。即使买家的要求一时难以满足，也切忌直接拒绝，因为直接拒绝容易使谈判气氛瞬间凝固，我们的拒绝就像一堵墙一样突然立在了买家的面前，极有可能使得买家直接离开，这笔交易也就彻底终止了。

沟通是一门学问，更是一门艺术。有统计显示，一个人成功的因素75%靠沟通，25%靠天才和能力。沟通就是人际交往的润滑剂，有了它，人与人之间才能实现信息的传递与获得，才能改善人与人之间的关系。作为房地产经纪人，我们时时都在与客户进行沟通。与客户沟通时，我们应站在客户的立场上为其考虑，这样才能让客户看到经纪人专业的工作技能，客户也才会更为容易认同并且信任我们。这样，即使在中介费方面无法获得任何优惠，买家也已经感受到了我们为其所做的种种努力，对价格也就更容易接受和理解。此外，当买家提出要求时，我们也应先征得领导的许可后再答应其中介费的优惠，否则只会让买家觉得还有进一步的杀价空间。

在实际谈判中，有时提出一些要求并态度坚决的确是出于对各方合法权益的考虑，但有时，我们也必须为此做出一些让步，毕竟促进购房交易的达成才是最大的目标。如果仅仅考虑自己一方获利越多越好而丝毫不愿在其他方面做出退让，则有可能使谈判陷入僵局。因此，当买家以中介费打折作为达成交易的前提条件时，为了促成交易，如果主管领导也表示了应允，那么我们可以尽量为其争取一些优惠。在争取优惠时，最好是要求买家保证得到这些优惠后马上就能成交，避免买家再次要求优惠。

第五章 处理价格异议环节的困惑解析

并且,在给予优惠时,应让买家看到我们确实在努力为其争取权益,希望买家对经纪人的工作多一分理解。

> ⊙ 科学的让价技能
>
> 价格让步的方式幅度等都直接关系到让步方所付出的价值。在让价时,应注意以下六个方面的细节:
>
> (1) 为让价找到依据,绝对不可作无理由的让价。你应表现出让价只是出于对买家的赞赏,并适时地提出让买家帮忙推介的请求。
>
> (2) 不管你准备给买家多少幅度的折扣,都要尽量分计划分次退让,绝对不可以一次退到底。通常让价太爽快,买家的杀价会更猛。一般来说,第一次让价的幅度可以较大,若买家仍不满足,则再作小幅度的让步,以明确的态度——让步是有限的,已退无可退了!但需要注意的是,第一次的幅度大也只是相对于后几次降价而言的,若幅度过大反而会引起买家的"疑虑"。
>
> (3) 折扣跟着小数点走,如98折——97.5折——97折——96.5折。
>
> (4) 让价成交,必须向买家表明这是最低价格了。

正确应对示范1

买　家:"你们中介费再给我打些折扣,这房子我就买了。"

经纪人:"杨小姐,咱们看的这套房子,各方各面都满足您最初的要求,单就房子而言,质量、格局、装修全都没得挑,而小区又是闹中取静,设施齐备,绝对是您的置业首选。"

买　家:"这些我自然都知道,所以只要你们能在中介费上再便宜一些,我肯定就买这里了。"

经纪人:"杨小姐,您也来过我们这很多次,公司的严格管理相信您也一定感受到了。公司有公司的规章制度,不是我们想改就可以改的,我们对中介费都有相应的规定,而且对所有的买家都是一样,这也是在保护您的利益。您想,假如我今天给您算这个价,明天给别人又是更低的价格,如果您知道了,一定会不高兴,甚至找上门来理论的,对吧?"

点评：虽然中介费确实是笔不小的数目，但买家要买的毕竟是房子，如果房子的各个方面都非常符合甚至超出了买家的预期，那么他们也就不会再过多地在中介费上纠缠。而经纪人要做的正是要让买家及时梳理此套房子的特点，这样买家对于中介费的优惠就没那么关注了。

正确应对示范2

买　家："你们中介费再打些折扣，这房子我就定了。"

经纪人："周姐，这房子估计您看得比我们做中介的还仔细，不仅质量没得说，您看这四周的环境，鸟语花香的，住起来一定舒服，最重要的是，它的位置和路段都非常好，将来的升值空间肯定很大，不管您买来是自己住还是做投资，都一样'钱'景美好。而且您也看到了，我们为您向业主争取到了这么实惠的价格，这可是实实在在的大优惠，您说是不是？"

买　家："你说的我都清楚，但你就不能再给点优惠么？现在买什么不打折呢，中介费又这么高，多少也该给我些折扣吧。"

经纪人："周姐，我知道您也是个爽快的人，可您知道，公司有公司的制度，我们当员工的是不可以随便给买家折扣的，这也是对所有买家的一个利益保障。不如这样吧，如果您今天就能签合同的话，我帮您向经理申请一下，看看能不能给您打个95折？"

买　家："那好吧。"

点评：买家提出的中介费优惠应先向部门经理申请，不可以在第一时间答应，马上同意只会让买家觉得还有进一步的杀价空间。

困惑76　"我是老客户，中介费总得多优惠点"

错误应对

1. "那您想要优惠多少？"

点评：一旦这么问，买家的心理期望值就会大大提升，你就会在中介费商谈中陷

第五章 处理价格异议环节的困惑解析

入被动，难以让买家满意。

2."没办法，可以的话我早给您优惠了。"

点评：面对这类老客户，只言片语是难以劝服的，毕竟老客户想要享受的是和新客户不一样的待遇。

3."您既然是老客户，那应该很清楚我们公司的价格制度，我给您的真的已经是最低价了。"

点评：这种说法会让买家觉得经纪人没有人情味，很难打消买家要求中介费打折的念头。而且，作为"老客户"他们对此早已有了一定的经验，常规的劝导对他们起不到什么说服作用。

困惑解析

有句话说："销售最大的收获，不是提成多少，不是晋升，不是增加了炫耀的资本，不是完成了任务，而是你生活中多了一个信任你的人！"老客户就像我们的老朋友，他们就是那些通过在工作中的相互接触继而信任我们的人。只要他们有购房的需求或者有卖房的需求，他们首先想到的就是我们，首先做的就是给我们打个电话，告诉我们："小陈，我要买房了……"或者"小陈，我有一套房子要卖……"

老客户上门是对我们房地产经纪人的极大肯定，与此同时，也是巨大的挑战。因为相对于新客户而言，在谈判价格方面，老客户绝对要比新客户更有经验，这对我们的服务工作的要求更上了一层台阶。

与老客户谈价格时，我们一定要懂得控制住折扣的尺度和底线，也不要轻易做出让步，否则容易招致其要求更低的价格。而且，我们对中介费的优惠最好是放在买家已经确定要购买之后，否则所有的关于中介费的谈判都容易成空，没有任何实际意义。在对中介费进行让步时，我们也必须是一小步、一小步地让，而不能一让到底，否则容易让买家误认为还有更大的杀价空间，从而陷自己于被动。对于一些常客或者购买多套房子的买家，我们可以将其介绍给公司上级领导，这样可以令买家感觉自己受到了足够的重视和尊重。

> 正确应对示范

买　家："怎么说我也是老客户了，多给点优惠吧。"

经纪人："李先生，就是因为您是我们的老客户，所以我们给您的报价就是老客户的优惠价，新客户根本没有折扣的，不信您可以注意听一下那边那位买家的谈话，他是新客户，今天就要签合同了呢。"

买　家："你看，我之前那套也是找你买的，现在要买房还来找你，够意思吧？你就直接点吧，到底能给我优惠到什么程度？"

经纪人："李先生，我知道您是个爽快人。那这样好了，假如您确定今天就能定下这套房子，我可以帮您向领导申请看看能不能多一些折扣，您看怎么样？"

买　家："没问题的，我连钱都准备好了。只要你们能再多些优惠，我就立马付定金。"

点评：即使是要给老客户中介费更多的优惠，也一定要放在其确定要买这套房子以后，不然所有的都是空谈。再告诉其会把他们的打折诉求汇报给领导，既可以让其感觉自己被重视了，又可以避免私自打折带来的尴尬，非常有成效。

困惑77　"我是老客户介绍来的，那么中介费应多优惠点"

> 错误应对

1. "那您希望优惠多少呢？"

点评：让其自己开价，买家肯定是希望能多优惠尽量多优惠，对中介费折扣的期望值就会增大，反而把经纪人自己陷于尴尬的境地。

2. "不好意思，价格都是公司统一规定的，这个我真没办法。"

点评：这么直接拒绝买家，不但会让眼前的这位买家不满，而且，如果让老客户知道了，也会让其感觉在朋友面前没有得到应有的尊重，从而不愿再给你介绍业务。

第五章　处理价格异议环节的困惑解析

3. "这是最低折扣了，就算老客户来了也只能享受这个折扣。"

点评：虽然阐述的是事实，也不要这么直白地说，否则只会让新老客户都不满意。

困惑解析

房地产业业内有句话说，"早期的业主是最好的房地产经纪人。"同样，对于二手房销售来说，"老客户是你最好的广告"。有调查表明，在各种各样的宣传形式当中，客户"口对口"的宣传是所有产品宣传中最高级的形式，其产生的效果是最好的。也就是说，老客户关于产品的意见对新客户的购买欲望可以产生决定性的作用，这远远比房地产经纪人对新客户的讲解和介绍来得有力。

众所周知，获得一位新客户的成本远远高于维护一位老客户。市场营销学里有一项统计数据显示，1位忠诚的老客户可以影响25位消费者，引导8个潜在客户产生购买动机，其中至少1人会产生购买行为。如果我们能够让老客户带来新客户，那么我们的业绩将大大提升。老客户如果对我们的服务满意，其正面的传播可以影响到十多位亲朋好友；而老客户如果对我们的服务不满意，其负面的传播则至少能够影响到一百多人。

要维护好与老客户的关系，就要对其介绍过来的朋友也给予足够的重视。只有这样，老客户才会感觉得到了足够的重视，也才会愿意源源不断地介绍新客户给我们。在接待这类由老客户介绍来的新客户时，我们应该注意给予对方特别的尊重和重视，不仅要接待周到，还要时不时地表示出对老客户的感谢，好给新老客户两方都留下好印象。当新客户以此为由要求得到折扣时，我们大可以在价格底线之上适当地为对方争取一些优惠。在让价时，不妨一点一点让步，另一方面，也能令老客户感到满意和受到重视，今后或许还会介绍其他朋友前来光顾，这也是我们房地产经纪人的一种工作方式。

正确应对示范

买　家："我是你们老客户介绍来的，你们中介费能给我多少折扣？"

经纪人:"感谢您对我们的支持与信赖,既然是老客户介绍的,您放心,我们的价格一定是最优惠的。根据公司规定,老客户介绍过来的新客户,在中介费方面,我们统一给予9折的优惠。"

买　家:"9折?不会吧,就这么一点?"

经纪人:"王先生,这个优惠已经很实在了。其实,咱们买房子,跟中介费比,房价才是大头。您也很清楚,我们在业主那边努力为您砍价,房价总共省下了不下十万元。不知道您对我们这些天的服务还满意吗?"

买　家:"服务还行,但中介费就这么点折扣实在太少了。85折总可以吧?85折的话,我就买这套了。"

经纪人:"这样吧,王先生,您也是个爽快人,我很想和您交个朋友。如果您今天就能签合同的话,我帮您和经理申请一下,看看中介费能不能给您打个88折?"

买　家:"好的。谢谢你了。"

点　评:对于老客户介绍来的买家,经纪人一定要让其知晓给出的价格已然是针对老客户的优惠价格了。

困惑78　在讨价还价过程中,买家突然不高兴了

错误应对

1. 算了,这个买家太难缠,爱怎样怎样,不理了。

点　评:任何一个买家都有其性格,如此轻易放弃一个潜在买家,不是一个优秀房地产经纪人的正确做法。

2. 别欺人太甚,爱买不买!就和你针锋相对怎么了,我也不是好欺负的。

点　评:客户是上帝,和买家争吵,对于房地产经纪人来说永远都会是吃亏的。毕竟,买家大不了通过其他中介买房子,而你呢,一无所获。

第五章　处理价格异议环节的困惑解析

困惑解析

在讨价还价的过程中，我们必须遵循一些原则，避免在谈判中引起一些不必要的误会。

（1）心平气和地谈。有些买家的杀价可能远远低于市场价格，这时，我们千万不可直接否认买家的杀价要求。如果这样，那就容易引起冲突，生意也因此而终止。

因此，在与买家讨价还价时，我们必须保持温婉有礼的专业态度。这除了跟个人修养有关外，作为房地产经纪人，我们还需要在与买家沟通前充分预见、分析买卖过程中可能发生的种种情况，制定好应对措施，做到胸中有数，这样才能临阵不乱，在千变万化的形势面前从容镇定，心平气和地按理力争。

（2）充分顾及客户感受。人人都希望受到尊重，当一个人受到威胁时，往往会像刺猬一样充满敌意。有经验的谈判者，常常善于顾全双方的感受，有控制自我情绪的习惯，并能够对对方谈话中表现出极大的忍耐性，并克制和谦虚地表示自己的意见，他们常用"据我了解""我认为""是否可以这样"等委婉的说法来阐述自己的想要表达的意思。这种态度会使本来相互僵持的谈判变得气氛融洽。

谈判气氛趋于紧张，矛盾冲突尖锐时，千万不要冲动。一旦失去了冷静，就得为它付出代价。在谈判中，我们应努力保持清醒的头脑，不管客观上造成多大的干扰，也应稳定自己的情绪，忍耐克制，尽力使气氛趋于缓和，力求营造出和谐的商谈气氛。

价格异议的错误应对

在面对买家提出的价格异议时，有的房地产经纪人通常会表现出不得当的行为来。这些做法对于异议的解决是于事无补的，必须坚决杜绝。

（1）"这样的价格还嫌贵"。面对买家提出的价格异议，有的房地产经纪人会随口而出："这样的价格还嫌贵？""这已经是很便宜的了"等。这种回答是与买家对抗的表现，它的潜台词就是"嫌贵了你就别买，我并不强迫你买"。如果房地产经纪人本来就是带着情绪说出这句话的，那么买家还可能理解成"买得起就买，买不起就别在这里啰唆了"。

显然，无论怎样理解，这样的回答是不能令买家满意的，并且这句话一出口也就意味着价格谈判已经走进了一个"死胡同"。

(2)"你到底想不想要"。和这句话同样错误的说法还有："多少钱你要？说个价！"，这种话是买家最不想听到的。因为这种话正好验证了买家的一种担心：这里的东西没有明码标价，不知道水分有多少？于是买家心想：还是货比三家多问问行情为好，免得上当。结果在一番讨价还价之后，买家最后说了一句"我再考虑考虑"便抽身走了。

(3)"还有更贵的"。有的房地产经纪人在买家对价格产生异议，或不满于买家的犹豫，通常会对买家说："这个不算贵，还有更贵的。"，殊不知这句话严重地冒犯了买家的自尊，"还有更贵的"在买家听来是对其消费能力的怀疑，是一种非常不可取的工作方式。

(3) 不要只顾着帮助其中一方。买卖之所以会达成，是由于双方的需求得到了满足。因此，作为居间人，我们不能只照顾到一方的需求，而忽视另外一方的需求，如只顾着帮助买家砍价或者只顾着帮助业主守价，这必定会遭到另外一方的不满。只要有一方不满，这个买卖就会停止。

正确应对示范

买　　家："51000？还是太贵了，××路的房子一平方米才48000呢。"

经纪人："刘先生，那里的房源我们也有，那个小区的均价也已经到50000了。"

买　　家："什么50000？上个月我才去看过，就是48000嘛。你这人太不实在，以为我们买房的什么都不懂吗！"

经纪人："刘先生，您别急，可能是我表达得不够清楚，我刚才说的是均价。您说的一平方米48000也确实存在，因为朝向、楼层、装修等不一样，价格也会有所不同。当然了，这方面不是我们关注的重点，因为您也说过了，您买房主要是为了让孩子就读附近的小学，是吧？"

买　　家："是的，要不然我早就买了××路的那一套了。这里房子和××花园根本没法比，房子旧、停车又难，不就因为能上个好点的学校吗？价格竟然贵了这

第五章　处理价格异议环节的困惑解析

么多！"

　　经纪人："是，这一带的房价确实是比××路的那里高了不少。现在大家为了孩子上学也着实是累，像您还可以为孩子挑个好学校，挺让人羡慕。有的情况是连普通的公立学校都很难进，更别说像附近××小学这样的名校了。如今，大家都是为了孩子，围着孩子团团转，谁都希望自己的孩子能赢在起跑线上。刘先生，您说呢？"

　　买　　家："是的，现在的学区房真是贵得离谱。小张，你帮我和业主再谈谈，看看价格上还能不能再少点？"

　　点评：遇到买家较为激动的局面时，经纪人首先要做的就是稳住其情绪，可以与买家聊一些生活话题，以缓解此时稍显紧张的气氛。

第六章

促成交易环节的困惑解析

困惑 79 "我再比较比较看看吧"

错误应对

1. "行，那您再好好比较比较。"（顺其自然，让买家去比较。）

点评：顺其自然的结果通常是买家看上了其他房子，或者买家喜欢的房子被其他人买走。经纪人一定要懂得掌控销售的进程与节奏，不论遇到什么样的状况都要积极争取买家的认可，而不是消极地等待。

2. "这房子这么好，还有什么好比较的。"（表现得很心急，一直催着买家尽快成交。）

点评：即便你心里很着急想要做成这笔单子，也不能直接表现出来，这样做是非常不专业的职业行为。

困惑解析

有时候，买家其实已经对房源产生了购买兴趣，却还是想再多看看其他房源比较之后再做决定。这是很正常的现象,毕竟买房是一件大事,买家肯定要经过慎重考虑才能做出决定。面对买家的这种心理,我们该如何促使其尽快做出购买决定呢?

通常情况下,买家之所以还想再比较一番,有以下三种原因:一是买家在其他中介公司也看到了中意的房子,可能是价格还没有谈拢,一时之间无法抉择;二是谨慎对待,想要做进一步的观察,再比较几套房子,以免过早下决定后悔;三是买家在观望市场行情,还没有准备出手。

当遇到对房子表示满意却又犹豫不决想要再做比较的买家时,我们一定不能让其长时间地比较,而是要适时地让其意识到如果自己一再地比较就很容易错失良机。

(1)如果是第一种原因,在获知买家中意的其他房源情况后,对竞争房源的优点我们应加以承认,同时以坦诚的态度告知买家竞争房源的一些不足之处。

(2)如果是第二种原因,我们可以再为买家全面分析房源的情况以及与其住房需求的匹配程度,让买家把握时机下定金。

(3)如果是第三种原因,我们可以通过向买家分析市场情况,和引用专家看法,表示现在正是出手的好时机。劝说买家要好好把握机会。

正确应对示范1

买　　家:"我再比较看看吧。"

经纪人:"郭先生,看得出来您挺喜欢这套房子的。您还想再比较,是不是您在其他地方有看到中意的房子?"(直接向买家询问原因)

买　　家:"不瞒你说,我前天在××花园也看过一套房子,12楼,也是三室两厅的。其他都还不错,就是小区有点小。我想多比较一下再决定。"

经纪人:"嗯,应该说,××小区那边的地理位置也不错,挺繁华的,交通也方便,那里的三室户型我也看过,挺方正的。正如您所说的,那个小区确实小了点,只有五栋楼。小社区在绿化方面确实要差不少,缺少一些活动空间。像您家里有小孩,还是找个大社区的好,可以经常带小孩到户外活动活动,和其他小朋友一起玩耍。"(坦诚地向买家表示竞争房源的优缺点)

买　　家:"是的,我也是这么想,所以当时就没马上定。"

经纪人:"郭先生,针对您的情况,我个人觉得这套房子更适合您,楼层好,户型方正,南北通透,而且还是个大社区,环境非常不错。"

买　家:"是的,从小区环境来说,你们确实更好。就是不知道价格方面能不能再优惠点?"

经纪人:"郭先生,这个价格也是行情价了。您看,周边那个××豪庭,房龄比这里长,小区也没这里漂亮,现在都要卖51000了。要不这样,我把业主约过来,大家坐下来当面谈谈?"

买　家:"那也行。"

点评:贬低别人抬高自己的做法永远是不明智的,相反,对买家所关注的其他竞争房源的优点加以肯定,事实上就是对买家眼光的肯定,反而更容易赢得其信任。

正确应对示范2

经纪人:"郭先生,您觉得这套房子怎么样?"(发现买家对房子很满意)

买　家:"嗯,还行。"

经纪人:"那您看是先交2万元定金,还是3万元?"

买　家:"不急,我再比较比较。"

经纪人:"郭先生,看得出来您挺喜欢这套房子的,还想再比较,是不是您在其他地方有看到中意的房子?"(直接向买家询问原因)

买　家:"我才看了两套房子,想多看几套,比较之后再做决定。买房子可是件大事,不能太随便。"

经纪人:"是的,郭先生,您说的没错,买房子是件大事,需要谨慎。您刚才也仔细看过了,和您之前看的那套,比较起来怎么样?"

买　家:"嗯,户型不错,装修也还可以。高楼层也挺好的,还可以看到××山。"

经纪人:"是的,郭先生,应该说,这套房子的确非常不错,业主开的价格也很实在,很多买家都很感兴趣。买房子谨慎没错,但是很难得能看到一套这么符合自己要求的房子,尤其是像这样的小三居,基本上是出来一套抢一套。如果您再去看其他房子,这套房子很可能会被其他买家先买走了。刚刚您也看到了,我们下楼时,另外一家中介也带买家上去看房了。"

第六章 促成交易环节的困惑解析

买家表现出一丝犹豫。

经纪人："郭先生，好房子是不等人的。最近市场成交非常火热，尤其是这一带的，不但地段好，交通便利，而且周边商场林立，××百货、××商场都只要几分钟的路程，更为重要的是有个好学校，××小学可是挤破头的，所以这一带的房源都非常抢手。前天我有个买家也是这样，看中了××国际的一套三室，感觉挺满意，就是犹豫了几天，结果当天晚上就被别的买家先买走了，他后悔得不行。"

买　家："算了，我也懒得再看了。你把业主约过来，今天就定了吧。"

点评：买家买房子其实是为了更好地解决其住房需求，当买家表现出犹豫不决时，经纪人要学会帮助其权衡利弊，否则比较项越多买家可能会越犹豫。

困惑80　"我还要回家和家人再商量商量"

错误应对

1. "这套房子那么适合您，您也很喜欢，还考虑什么呢？"

点评：这么说很空洞，没有说服力，买家不会因为你这么空洞的一句话就改变"和家人商量"的想法。甚至会引起买家觉得你这么心急是不是因为有什么问题，自己是不是考虑得不周到，这样不必要的误会。

2. "好的，那您先跟家人商量，商量好再过来。"

点评：还没有搞清楚买家是出于何种考虑要跟家人商量就送走买家的做法是非常消极和危险的，买家再次回来的可能性其实是非常低的。

3. "您是一家之主，还需要和家人商量什么呢？"

点评：这种无视家人看法的态度很容易引起对方的反感，非常的不可取。

4. "好房子不等人的，现在看中这套房子的买家非常多，我可不敢保证到时您还能买得到。"

点评：这种略带威胁的语气是对买家极大的不尊重，对买家来说也是一种严重的冒犯，是非常不专业的职业行为。

困惑解析

在进行到买家下定金的环节时,有些买家会表示"要回家同太太等家人商量一下再决定",然而据调查显示,买家表示要回家和家人商量,其实大多是买家不想购买的一种委婉拒绝,只有10%的买家是真的是需要回去商量后再做决定的。那么,面对买家的委婉拒绝,房地产经纪人要如何才能完成下定的环节呢?

当买家提出这种要回家商量时,通常会有以下三种可能:一是以此为理由,以推迟时间再作打算;二是担心自己一个人决定太过轻率,需要与家人一同商议之后再做决定;三则是此次购买并不是自己一个人可以决定的,需要征求家中多位成员的意见。

对于这种情况,我们首先需要考虑买家这么做的理由,并对其做法表示理解,再通过询问或者其他方式了解买家的真实想法和原因。假如买家是有决策权的,只是想要回去与家人商议,那么我们可以劝说其应趁早做决定;假如买家并不是单独的决策人或者没有决策权,那么我们可以令其尽快和家人商议决定或者尽早带决策人一同前来交付定金;而如果买家仅仅是以此为理由,想要推迟购买或者得到一些优惠的话,那么我们可以在可行的范围内适当做一些退让或允诺,促使其能够立即做出决定。

不管实际出于哪种情况,当买家提出这种说辞时,最有效的方法就是让对方先下定金。不管定金数额多少,只要买家下了定金,其反悔的概率就小了很多。

正确应对示范1

买　家:"这样吧,我回家和家人商量商量再决定。"

经纪人:"嗯,也是,买房是大事,和家人多商量商量,考虑清楚再做决定才比较稳妥。"

买　家:"对,等我和家里人商量好了再带他们过来看看。"

经纪人:"嗯,这没问题。只是,刘先生,您也知道,这套房子各方面条件都非常好,刚刚您也听到了,我同事有几个买家等会也要去看房。我可不敢保证它不会被别的买家先买走了。之前我有个买家也是这样,房子看满意了,条件也谈妥了,就是

第六章　促成交易环节的困惑解析

做事不够果断，说要再和家人商量商量，结果那套房子当天晚上就被另外一个买家给定走了，他后悔得不行。"

买　　家："不会吧，哪有那么凑巧。"

经 纪 人："刘先生，您也知道，最近二手房交易很火爆，这种情况可是经常碰到的。尤其是像这样的小三居，市场非常紧俏，在××这片区，基本上是出来一套抢一套。而且，有时候业主也会反悔的，像今天谈好价格了，如果没有马上下定金，再有中介给业主打个电话说有买家看中了，买家很可能就会临时提价。毕竟谁都不会和钱过不去，能多卖一万元就是挣了一万元。"

买　　家："哦。那这样吧，我现在给我太太打个电话，让她请假过来看看，如果她也满意我们就直接付定金了。"

点评：当买家不能马上决定时，可以用真实的案例帮助其尽快做出购买决定。

正确应对示范2

买　　家："我先回家和家人商量商量再决定。"

经 纪 人："刘先生，您还要跟谁商量呢？刚刚和您交谈，看您的气度、气质，听您的谈吐，就知道您是一个有魄力的成功人士。再说，这样好的地段，这么好的环境，这么低的价格，还能让孩子就读名校……您做生意这么成功，一定比我更清楚生意场上的决策必须要果断，否则，时机稍纵即逝，把机会白白错过。"

买　　家："……"

经 纪 人："前几天，我手上的一个买家，看中了××花园13楼的一套两室，我劝他赶紧定下来时，他说要回家去商量，第二天给回话。结果呢，当晚这套房子就被另一个买家看中了，当即签了合同。第二天，他们一家人兴冲冲地带着钱准备来签合同，说很满意那套房，我真不好开口告诉他们。刘先生，买房就和做生意一样，要当机立断，您说呢？"

买　　家："话是这么说。可是我还是觉得这价格有点高。既然业主的价格没法再少，那你们中介费多少再给点优惠吧。"

经 纪 人："刘先生，您这可真是难为我了。中介费我们已经给您打了8折，要知道，像这样的好房源，我们一般都不打折的。"

买　家："多卖一套你就可以多挣点，你就收少点吧，打个6折，我就马上下定金。"

经纪人："刘先生，我看您也是个爽快人，我看看能否向领导申请一下，多给您点优惠。毕竟以后您住在这里，我们就是邻居了。不过，6折肯定没办法的，我看看能否申请到7折。您觉得这样可以吗？"

买　家："那也行，7折就7折。"

点评：在实际工作中，我们经常会遇到一些"含蓄"的买家，他们其实是觉得房价太高，或中介费不打折，却不直说，还很有可能是说房子格局不合理、朝向不好。而作为房地产经纪人，我们就必须提高自己的工作技能，要学会洞察买家内心的真实想法，及时为买家解决问题。

困惑81　"现在大家都在观望，我先看看再说"

错误应对

1. "您到底有没有诚意买……"

点评：这种话谁听起来都不舒服。无论房子是否成交，我们都要特别注意自己与买家辞别时的言行，始终保持亲和的态度，千万不要因为买家的拒绝而说出不恰当的言语。要知道，良好的服务态度是作为职业经纪人最基本的职业素养。

2. 算了，这买家估计没戏了，有这精力不如再找找其他新买家。

点评：有时买家表现出来的只是犹豫或者说是顾虑，而经纪人就此选择放弃的话，之前的努力就前功尽弃了。买房是件大事，买家因为某些原因犹豫不决是完全可以理解的，只要与其进行多方面、多层次的沟通，成交的可能还是非常大的。

3. "请问您考虑得怎么样了……"（穷追不放，隔两三天就打一个电话询问买家是否会买）

点评：穷追不舍会让买家产生抵触心理，甚至对你产生反感，反而容易弄巧成拙。

第六章　促成交易环节的困惑解析

困惑解析

面对不可捉摸的楼市行情，有些不是特别着急购买的买家便会放慢脚步，尤其是在市场成交较少时，购房者观望氛围就更浓厚了，临时放弃或推迟购房计划的买家也就越来越多。

买家表示暂时不买要观望看看，这种情况一般是在我们房地产经纪人做电话回访时发生。尤其是在出台房地产调控措施的一段时间内，会碰到很多的类似现象。当买家表示近期内不买房或者要再观望一段时间时，我们首先要对买家的决定表示理解；但理解不等于放弃，在表示理解的同时，别忘了询问买家犹豫的更深层原因，再根据具体情况进行多方面、多层次的沟通。即使交易已无法进行，我们也要继续维护与买家之间的关系。

正确应对示范

经纪人："王先生，您好。我是××房产的小陈，前天带您去看过××小区的房子。您说要和太太商量一下，不知道现在商量得怎么样了？"

买　家："我太太说不用那么急，现在大家都在观望，以后再说吧。"

经纪人："王先生，我理解您和您太太的想法。现在整个市场观望的氛围的确比较浓厚。不过这套房子各方面条件都不错，也很符合您的要求。现在像这样的好房子可不多了，昨天又有三拨买家去看了这套房子，其中有一个买家还很有意向。"

买　家："房子是不错，可是业主开的价格也太高了，所以我们想看看再说。"

经纪人："原来是这样。这样吧，王先生，找一套好房子也不容易，既然你们对这套房子有兴趣，那不妨和业主见个面，当面谈谈价格。这个业主人还是很不错的。您看您是今天下午有空，还是晚上有空？"

点评：买房置业是大事，买家出于某些原因，想"看看再说"，作为房地产经纪人，我们必须给予充分的理解。与此同时，我们可以跟买家聊一下目前的看房状况，这或多或少能帮助其更全面地做出决定。另外，同理心沟通也是一个神奇的法宝，它可以让买家消除对我们房地产经纪人的芥蒂，敞开心扉地说出自己的真实顾虑，也可以让我们的建议更容易被买家接受。

困惑82　"我现在钱还不够，过段时间再说"

错误应对

1. "您是在和我开玩笑的吧？您都看了这么多套房子了，怎么可能还没做好预算！"

点评：这种语气让人听起来就不舒服，只会激怒买家而不会有其他的效果。

2. "您是不是觉得价格太高了？"

点评：这么问买家，会让其觉得你说的价格还有谈价空间，从而使自己再次陷入新一轮的价格谈判中，更难促成交易。

3. "要不这样，我给您找一套总价低点的房子，您看怎么样？"

点评：这不仅会让自己之前的努力前功尽弃，还会引起不必要的误会，从而对你心生不满。

困惑解析

在临近成交时，买家却表示预算不够，作为房地产经纪人，我们其实不用恼火，因为出现这种情况与买家说要回家考虑几天是一样的，往往都只是买家想要拒绝的一种委婉说法。分析一下具体原因，有以下三个：

一是买家希望延长考虑的时间，以此对房源进行更为全面的观察和了解，以免购买后才发现问题就晚了。

二是买家以此为理由，想让业主主动让价或让我们房地产经纪人在中介费方面给予更大的折扣，一般情况下，这种可能性是最大的。

三是买家的购买力确实有限，的确没有能力购买这套房子。

对于这种情况，我们首先要弄明白究竟是什么原因致使买家犹豫不决，然后针对不同的原因给予不同的应对：

第六章　促成交易环节的困惑解析

——如果买家是想要对房源有一个更全面的了解，那么我们就要针对买家疑虑的地方进行更为详细的分析，以解除其疑虑，增强买家的购买信心。

——如果买家是想借此要求业主降价或者得到更多优惠，是否让价，或者要让出多少折扣，要根据具体情况而定。如果的确还有退让的空间，在一番议价之后我们可以稍作让步；如果的确没有退让的余地，我们就要坚守价格，从房源的其他条件来说服买家。

——如果买家真的是因为预算不足，那要也要弄清楚是总价超出了买家的预算还是首付款超出了买家的预算，再根据买家的情况具体问题具体分析，看看有没有解决的办法。实在没有解决的办法，我们就要另行为买家寻找合适的房源。

正确应对示范

经纪人："王先生，怎么样？我约一下业主的时间，今天咱们就把房子的事儿定下来吧？"

买　家："这个嘛，我的预算不够，还是过段日子再说吧。"

经纪人："王先生，您和家人去看房时对这套房子都挺满意的，您是不是还有其他什么疑问呢，没关系，您直接说。"

买　家："我一个朋友也是做地产的，他说朝北的房子不值这个价，让我多考虑考虑。"

经纪人："王先生，虽说这套房子朝北，但是它在17楼，通风性和采光性都很不错。您那天也看了，只要出太阳，室内还是很亮堂的。而且正因为朝北，业主才会开这么低的价格，综合起来，这套房子真的是物超所值。我感觉得出来，您和家人对这套房子都很喜欢。俗话说'千金难买心头好'，难得碰到这么一套合适的房子，您说是吧？"

买　家："也对，你就再跟业主说说，让他便宜一些……"

经纪人："如果您真的有心想买，立马就能落定的话，我可以替您向业主争取一下，看他肯不肯让步。但我可不能保证业主会不会同意哦，也不能保证他肯少多少。"

买　家："行，你就尽量帮我争取争取。"

点评：当买家表示出犹豫不决时，我们要做的不是自乱手脚，而是要找准症结所在，才能对症下药，为买家及时解决问题。

困惑83 "我今天钱没带够，明天再交定金吧"

> 错误应对

1. "那好，那您明天记得带钱来交定金。"

点评：这种应对方式属于消极应对，不利于交易的顺利进行。买家一旦离开，什么样的状况都可能发生，但真的再回来交定金的可能性会很低。

2. "不可能吧，现在大家都是用手机银行，微信、支付宝也都可以，怎么会不够呢？"

点评：话其实是在理的，就是语气不恰当，容易让买家产生不满。

3. "您现在不下定金的话，明天会不会被别人先买走了我可不知道哦。"

点评：这种说法太过于直白，多少有些逼迫的意味，可能会起到反作用，反而令买家更想延长下定金的时间。

> 困惑解析

买家对房源感觉满意，价格上也没太大的异议，可是当我们要求其下定金时，买家却说今天没带那么多钱，明天再来下定金，对此，我们该如何应对呢？

所谓"定金"，是指当事人约定由一方向另一方给付的，作为债权担保的一定数额的货币，它属于一种法律上的担保方式，目的在于促使债务人履行债务，保障债权人的债权得以实现。签合同时，对定金必须以书面形式进行约定，同时还应约定定金的数额和交付期限。给付定金一方如果不履行债务，无权要求另一方返还定金；接受定金的一方如果不履行债务，需向另一方双倍返还定金。债务人履行债务后，依照约定，定金应抵作价款或者收回。

有些房地产经纪人在听到买家说"我今天没带那么多钱，明天再来下定金吧"，对于这种情况，事实上，买家确实没带那么多钱的情况也是正常，但在交易中，更

第六章 促成交易环节的困惑解析

有可能是买家的一种想要延长考虑时间的一种委婉说法。对这种情况，我们也应该予以理解，这毕竟是一笔巨大的支出。虽然可以表示理解，但我们也应该在其犹豫不决时再次为其梳理分析房源的优缺点，倘若轻易地同意买家离开，就很可能错过了一个大好的机会，而这样做的后果只有一个，那就是我们之前的一切口舌和努力极有可能就此化为泡影。所以，在没有收到买家的定金之前，我们尽量不要让买家就此离开。

当然，如果是买家其实是想下定，但又没有带够钱的情况，我们也可以问他们能够支付多少，然后象征性地先收取一些定金，待明天再来补齐。与此同时，为了更加坚定买家的决心，我们可以向其分析一下定金的原因和好处等，如既然对房子很满意就应该早些确定，付些定金业主就不能再卖给别人了，而没付定金的话说不定什么时候房子就被别的买家先买走了，到时后悔就迟了。

即使买家最后仍旧不愿意下定金，我们也无须感到失落或气馁，仍然，可以进一步诚恳地询问买家不肯下定金的具体原因，再有针对性地找出相应的解决策略。总而言之一句话，作为房地产经纪人，我们千万不要放过任何一丝促进成交的机会。

正确应对示范

买　家："我今天身上钱带的不多，不如明天再来交定金吧。"

经纪人："带的不多也没有关系，您带了多少？可以交一部分先把这房子定下来，您这么喜欢这房子，我们就可以先帮您留着，免得之后被别的买家买走了，岂不遗憾，您说是不是？剩下的钱您可以明天再带过来补上。"

买　家："呃，这个嘛……"（买家依旧有所迟疑）

经纪人："这房子条件多好您也是清楚的，看了这么久好不容易相中一套房子，先买个保障才安心，您说是吧？"

买　家："那好，我这里有3000元，先当定金吧，剩下的我明天再拿来。"

点评：即使不够，买家只要付了部分定金，就说明基本确定了此次购买行为。

困惑 84　买家明明已经动心却总下不了决心

错误应对

1. "遇到一套合适的房子不容易，看中了就赶紧下手吧……"（时刻催促买家买房）

点评：催促买家赶紧买下心仪的房子是需要讲究方式方法，否则只会适得其反，反而让买家更小心谨慎，不敢立刻做出决定。

2. 不急，买家既然已经动心了，肯定会买的。

点评：买家不是靠等来的，这样消极等待，很可能等来的是买家又看中了其他房子。即使买家最终还是买了你推介的这套房子，可能也耗费了许多不必要的时间和精力。

困惑解析

美国著名的汤姆·霍普金斯国际公司专门针对销售中成交失败的原因进行了一项市场调研，调查结果显示，有71%的销售员未能适时地提出成交请求，消费者对此最普遍的回答是："他们当时没有要求我们购买，那我们就再看看。"

仔细回想一下，我们自己是否也犯了同样的错误而失去了本来即将达成的交易？捕捉到买家愿意购买的信号之后，没有及时向买家提出成交请求，就好比在球场上瞄准了球门却没有飞踢出去一样，无论之前的推介、谈判如何顺利，结果是徒劳无功。

主动建议购买是销售中一个非常重要的环节，它是推动成交的助推器。作为房地产经纪人，当买家已经动心时，我们要学会主动推进成交，而不是坐等买家开口。

（1）没有请求就没有回应。乔·吉拉德说过"争取成交就像求婚，不能太直接，

第六章 促成交易环节的困惑解析

但你必须主动"。把主动提出成交请求比作求婚，应该是个很贴切也很创新的比喻。词典里"求婚"的词义为男女中的一方请求对方与自己结婚，如果你不向心仪的对方求婚，对方会嫁给你吗？

小王的大学同学给他介绍了一位买家，看过几套房源之后，这位买家对其中的一套房源很满意。小王觉得胜券在握，打算签单后请同学吃饭。

几天后，大学同学打电话告诉小王，买家在另一家中介买到了房子。小王觉得十分诧异，明明谈得很愉快，他对房子也很满意，为什么突然变卦？同学说："朋友表示满意之后，你一直没有问人家要不要购买，人家觉得你不是很上心，也不想自己提出要买。倒是另一位经纪人，三番两次地建议他购买，自己也觉得两套房子都差不多，就买了另一位经纪人的房子。"

像上述这个例子一样，不采取主动，不积极建议买家购买，买家很可能就会认为我们不够主动热情，还可能会一走了之。不知道我们身边是否有这样有趣的事情，两个相爱多年的恋人，一直没有结婚的原因居然是因为男方没有求婚，女方又不想违背传统向男方求婚。可见，没有求婚就没有结婚，没有请求就没有回应。

（2）帮助买家下定购买决心。

万先生对房地产经纪人小李推介的那套95平方米的大两居还算满意，但是万先生是个非常谨慎小心的人，生怕没有挑到好房子从而牵扯出之后的一连串麻烦。他觉得小李这个人不错，让小李给个建议，小李却说："万先生，毕竟是您自己买房而不是我买房，我想还是您自己拿主意吧，只要您觉得满意就好。"万先生回去想了又想，最后决定放弃了。

在实际销售活动中，其实有很多买家同万先生一样，在决定是否购买之前，想听听我们房地产经纪人给一些较为中肯和专业的意见。其实，就是自己犹豫不决，需要借助他人的意见，帮助自己下定购买的决心。如果我们处在万先生这样的情况下，旁人以及房地产经纪人的言行也会对我们的决定产生重大的影响。

试想一下，当万先生让小李给建议时，小李这样回答：

"万先生，我老实跟您说吧，几套房源看下来就属这套房子最好，而且您自己也感觉它比较符合您的要求。现在房市那么火爆，我看还是早点定下来好，要不被别人先买走了，后悔就来不及了。"

区区几句建议的话就可以让买家买到自己的"心头好"，何乐而不为呢？采取那种坐等的态度，是很难争取到成交机会的。大部分买家在做重大决定之前都会犹豫不决，在这关键时刻如果我们向买家礼貌地提出："您现在可以下定金了吗"或者"趁着大家都在，我们现在就去办手续，可以吗"，那么交易就很可能会达成。尤其是当买家发出万先生这种咨询信号时，我们更是要牢牢把握机会，促使买家下定决心购买。

记住，在买家已经对房源心动时，我们不能被动地等着买家说购买，而是可以主动建议买家购买。只有这样，成交的概率才能变大。

（3）经常性地建议成交。成交并不是我们房地产经纪人留给买家的最后一个话题。在我们与其沟通的全过程中，只要察觉到买家已经愿意成交，就可以立即提出成交要求，并非要等到最后时刻才提出成交要求。

（4）增强买家的信心。缺乏自信可能有碍于一个房地产经纪人的职业发展，然而单方面提高自己的自信心是不够的，沟通是双方的事情，为促成交易我们还需要增强买家的信心。当买家对房子已经动心，但还是犹豫不决时，那就说明买家很可能是信心不足，不管是对我们还是对我们的公司还是对房源。

同事小芳回到店里一脸苦大深仇地大声说道："我辛辛苦苦地带买家看房，说的我嘴巴都干了，好不容易买家有了想买这套房子的念头，却被××房产的人抢走。"

大家都很奇怪，为什么到手的买家还被抢走，小芳说："××房产的经纪人一直跟买家说他们门店的信誉有多好，售后服务有多好，买家是刚调来这里工作的人，觉得买房子还是有保障些好，被说得动心了就向那个经纪人买了。"

发生以上的情况实属正常，买家买房当然希望找一家信誉有保障，售后服务比较完善的中介。为了增强买家的信心，小芳应该向其表示公司的信誉和形象，让买家对她以及公司产生信心。解除此类顾虑的最好办法就是通过举真实的例子让买家知道很多人对他们的门店很信任。一旦消除了这些疑虑，不妨用合适的语气告诉买家："您看，现在基本上没有什么问题了，那我们就这么定下来吧。"

第六章 促成交易环节的困惑解析

> 正确应对示范

经纪人："张总,您是个生意人,我给您分析一下,您听听看这套房子值不值得买,好吗?"

买　　家："你说。"

经纪人："第一,您不是刚搬来这座城市吗,业主赠送全部家具家电,可以随时入住;第二,业主着急用钱,只要您能马上下定金,业主说可以再退一步;第三,这里离您新开的店很近,您上下班都很方便。就从这些情况来看,我觉得您现在买这套房子是最明智的了。"

点评:这种成交方法也叫"富兰克林成交法",已经被证明是销售人员成功销售的实用工具。它简单明确,并且容易理解,是一种非常有效的方式。采用富兰克林成交法,就是把买家购买产品前后给其带来的变化全部呈现在其面前,使买家坚定购买想法,下决心购买。

困惑 85　买家看了好几套房子不知道如何选择

> 错误应对

1. "这个看您自己了,您好好考虑一下,喜欢哪套房子就和我说。"

点评:当买家不知该如何选择时,你还让他们自己去选择,那买家可能更加犹豫不决,甚至两套房子都放弃。

2. "这两套房子都挺好的,看您自己更喜欢哪一套房子。"

点评:作为经纪人,不能给买家一些专业性的意见,也不懂得在临近成交时增强买家购买的信心,这样是很难成长为一名优秀的房地产经纪人的。

困惑解析

犹豫是临近成交的正常现象，尤其是像购房这样的大宗买卖。但是，作为房地产经纪人，我们不可能等待买家无止境地犹豫下去，对于一些摇摆不定的买家，我们应该为其梳理房源特点，以及与其住房需求的匹配程度，以便使买家能够尽快做出选择。

帮助买家梳理房源特点，可以从多个方面入手，如说："我建议您买××小区那套大两室，它更适合您的情况。"或者针对房源内外的某个特征来说："我觉得靠近中庭的那套会更好，视野比较开阔，采光和通风也较好。"

帮助买家做决定时，我们应使用一些诸如"我觉得……""我认为……"较为委婉的语言，如说："我建议您购买××那套，它更适合您的情况。"如果买家是面对两套房子而不知如何选择时，我们可以这么说："我觉得靠××花园的那套会更好一点，它的视野非常开阔。"

有些时候，买家也会请我们帮忙挑选。这时，我们就要愉快地接受买家的请求，尽心尽力地为其做好参谋，根据买家的要求和各套房子的实际情况，提出自己的意见。要知道，买家让我们帮忙挑选就是对我们专业能力的一种信任，我们应珍惜买家这份信任，将其对我们的信任转化为动力以为其挑选到最适合他们的房子。

需要注意的是，在买家下决定的过程中，不要说"我包您满意""相信我一定没错"这样绝对化的言语，而应该说"我建议……""如果我是您的话……"，以一种建议的口吻去帮助买家做决定。

正确应对示范

经纪人："杨姐，今天看的这两套房子，您更喜欢哪套？"

买　家："感觉各有各的好，还真不好选择。"

经纪人："嗯，应该说这两套房子是我们这个片区最近在卖的房源中最好的了。买房子要买最适合自己的，那这两套房子您最看重它们什么呢？"

买　家："××国际这套，楼层好、户型端正，就是看不到海；××湾这套，景观很漂亮，但楼层有点低。"

经纪人："杨姐，您还是很有经验的，一下子就点出了这两套房源的优缺点。的确，任何一套房子都有它的好，也有它的不足。"

买　家："那你觉得哪套房子更适合我？"

经纪人："杨姐，如果我是您的话，我会选择××国际这套。它是看不到海，可是您想想，我们这离海边就那么点距离，晚上散散步就可以走到海边了。家里，最关键的还是要居住舒适，像这套户型格局好、楼层又高，通透，住起来肯定更舒适。"

买　家："那也是！"

点评：当买家主动提出请你帮忙挑选时，应接受买家的请求，珍惜买家对自己专业能力的信任，尽心尽力地为其做好参谋，根据买家的要求和房源的实际情况，提出自己的建议。

困惑86　买家说要来下定金却总找理由推托

错误应对

1．"您明天不来交定金的话，这套房子可能就被别人买走了。"

点评：除非买家对这套房子的确非常满意，否则这种"告诉买家几号或几点钟之前必须前来下定金"的限期要求更容易让其产生怀疑，甚至对你的这种"威胁"性质的语言表示不满。

2．"我同事的一个买家也看中了这套房子，您再不赶紧来下定金，就可能被别人抢走了。"

点评："快点""赶紧"只有催促之意，却没有给出具体的时间。此外，这种说法还容易被买家理解为你是为了促成交易才这么说的，由此很可能对你的工作能力产生怀疑。

困惑解析

买房是件大事，买家在做出决策的时大多是比较犹豫的，虽然这一犹豫就有可能会错失良机。当买家遇到自己心仪的房源但却又犹豫不决时，我们应多向其分析房源特点与其核心需求的匹配程度以及当前的市场状况，帮助其尽快前来落定，否则很可能在买家犹豫时，其心仪的房源被别的买家买走了。

很多房地产经纪人都会告诉买家在某个时间段或时间点前来下定金。如果期限太松，买家心仪的房源很可能就被其他的买家看上了；如果给买家的期限太紧，就极有可能给正在犹豫的买家造成更多不必要的压力，过犹不及，反而把买家"吓跑"了。其实，这需要讲究一定的方法，如因为同事的买家要在某时间要过来谈购房细节，所以告知其这一消息，避免买家失去"心头好"；或者是遇到业主要在某个时间去其他中介收定这样的情况，也需要把这一消息告诉买家。这样一来，既避免了买家在未知的情况下其心仪的房源被别的买家买走，同时，也让买家更加慎重地考虑是否选择放弃这套房源。

正确应对示范

经纪人："王先生，您好。我是××中介的小陈。"（电话跟进）

买　家："小陈你好。"

经纪人："王先生，前天您说今天要来下定金，请问您是上午来还是下午来？"

买　家："不急，我再考虑几天。"

经纪人："王先生，是这样的，早上一位同事跟我说，他的买家也对这套房子很有兴趣，也表现得很有诚意，今天下午3点半要过来再谈一谈。我担心他过来谈妥了就直接下定金，那可就麻烦了。"

买　家："这样，那我晚上和家人再商量一下，你再帮我留半天。"

经纪人："王先生，不是我不帮您，而是我没办法不让同事收买家的定金。"

买　家："你就帮帮忙，想想办法。"

经纪人："要不这样，您今天中午的时候过来，先交5000元的诚意金，我先用这个钱封盘。您看您是现在过来，还是中午的时候过来呢？"

买　家："那我下午1点多的时候过去吧。"

点评：经纪人通过告知买家有另外的买家会在什么时间前来洽谈，促使买家及时地交定金。

困惑87　买家携家带口前来看房，大家意见不统一

错误应对

1. 以"掏钱"人的意见为主。

点评：掏钱人的意见的确重要，毕竟在家庭中掌握了经济支配权的人说话还是有一定分量的。但有时，掏钱的人不一定是决策者。

2. 抓住认为最重要的人，进行重点说服。

点评：先入为主地确定"最重要的人"是非常危险的。到底谁是最重要的人？你确定自己有能力分得清吗？

3. 重点说服使用者。

点评：有些时候，使用者不一定有决策权。除非你能清楚地知道使用者是有决策权的，要不然还是重点说服具有决策权的人为好。

4. "你们自己先讨论好，确定要哪套房子再和我说。"

点评：这是一种经纪人消极应对工作的态度，作为房地产经纪人，你的作用就是帮助买家挑选到适合的房子，给买家一些专业的意见。如果让他们自行讨论决定，很可能最终无果继而转身离开了。

困惑解析

购房毕竟不是件小事，买家通常不是一人前来看房，而是带上家人一同前来。当买家携家带口地一起前来看房洽谈时，有的房地产经纪人看了这阵势就会比较担忧，认为这种买家很难处理，要是他们的意见不一致，更不知该听哪位买家的意见好。

其实，要处理好这种情况并不难，只要经纪人用心去观察，找出他们各自对应的角色，再根据不同的角色去应对。而且，这种买家基本上都是购买诚意非常高的买家。对这种一对多的局面时，我们一定要注意把握好以下三点：

（1）分清同行人各自扮演的角色。对于房地产经纪人，我们最终的目的就是为买家挑选到最适合的房子。因此，我们既要照顾好各位同行人员的情绪，还要尽可能地多了解他们各自的住房需求：

—— 使用者对房子的优缺点最有发言权，应将其意见作为这个家庭的核心住房需求；

—— 决策者的话最有分量，一定要重点应对。

—— 付款者是房地产经纪人自然不可怠慢。

—— 参谋者的意见也反映了整个家庭的住房需求，也应仔细聆听。

（2）找出"决策者"并重点对待。接待此类买家，最关键的是要找到真正的"购买决策人"。要准确判断出此决策人，关键是先清楚他们购房的目的，是自己住，还是给父母住，或者是要送给儿女。如今，购房资金绝对不是一笔小数目，因此我们还要弄清楚谁是付款的那个人，毕竟掌握了家庭中经济支配权的人说话还是有很大分量的，即使付款的人不是为了自己住。

一般情况下，家中的顶梁柱通常是"幕后家长"（不一定是家中最大的长辈），他们是最有决策权的。在某些时候，老人、孩子也是有决策权的，这就需要根据他们的购房目的判断了，是为了儿女，还是为了父母亲养老？日后这个房子的真正受益者就是那位"幕后家长"，其就是最有发言权的人。

当然，有些家人都来看房的买家，其购房目的是为了"几代同堂"或建立一个"三口之家"。这时，如果我们发现里面有一个拥有绝对权威的人，那么这个人就是决策人，其意见是举足轻重的；此外，我们也不能忽视其他家庭成员的意见，虽然他们的意见不是决定性的，但他们会影响决策人的意见。为此，在这种情形下，我们最好能够全面考虑整个家庭所有成员的意见，并着重应对"决策人"。

（3）逐个说服。通过以上两点，我们已经对整个家庭的住房需求有了一个大概的掌控，这时最好能从对房源比较认同的家庭成员开始说明，然后再向其他稍显犹豫的买家说明房源情况，并了解其犹豫的原因，及时为其解决疑虑。这样，销售工作才会比较容易顺利进行下去。

第六章　促成交易环节的困惑解析

正确应对示范

人物设定：林先生（付款者）、林先生父亲（决策者兼使用者）。

经纪人："林叔叔，您的儿子上次来看过这套房子后，觉得很满意，非常喜欢，不知道您看了以后觉得如何？"

林先生父亲："嗯，看起来还不错，就是楼层高了点，我们老人家还是住低楼层的好。"

经纪人："林叔叔，您看起来不到50岁吧？"

林先生父亲："哪里，我已经快55了。"

经纪人："不会吧，林叔叔，您的年龄和我父亲差不多，但看起来比我父亲年轻好多，瞧您这面色多红润，您保养得真好。听说您是在政府机关上班的，马上要退休了，来这里养老真的是非常合适的，毕竟这里是花园城市，环境好。我老家那边也有好多人退休了都到这里来住。"

林先生父亲："小姑娘，你可真会说话。不过这里环境是不错，儿子儿媳孙子又都在这，所以他们就想在边上也给我们买一套，住得近互相有个照顾。"

经纪人："是呀，一家人住得近，多方便。您儿子可真有出息，能给父母亲买这么漂亮的房子，像我，都不好意思说了，到现在自己还没买房呢。"

林先生父亲："小姑娘，你还年轻，有的是机会。你们有没有这附近楼层低一点的房源？"

经纪人："林叔叔，楼层低的房子也有，不过我还是建议你们买这一套。去年，我父亲的一个同学也来这里买房，也是觉得老人家住低楼层的好。结果，前些天他把去年买的那套房子给卖了，换了一套11楼的。为什么呢？因为这里是个岛，空气比较潮湿，尤其是春天的时候容易返潮。何况，现在的房子都有电梯，也不用爬楼梯，所以还是高楼层的好。"

经纪人："林先生，您觉得我说得有没有道理？年初我从老家刚回这里，发现家里地板湿漉漉的，好不舒服。"

林先生："嗯，是的，爸，小孙说的没错，这里太容易返潮了，还是高楼层的好。"

林先生父亲:"这样呀,那还是高点的好。天气潮湿,我的关节炎会更难受的。"

经纪人:"嗯,林叔叔,高楼层不但不会那么潮湿,而且站得高看得远,像这套23层的,可以看山看海,景色可美了。"

林先生父亲:"那好吧,就听我儿子的,就这一套吧。"

点评:作为房地产经纪人,我们要对买家的各方面情况,尤其是与购房相关的情况有个大致的了解,如年龄、经济状况、家庭成员、购房目的等。做到了这一点,即使买家带了许多亲戚同时前来看房,我们也能做到心里有数、沉着应对。

困惑88 买家带朋友一起前来洽谈,担心受影响

错误应对

1. 照顾好买家本身就可以了,对陪他们来看房的朋友不用怎么理会。

点评:既然买家会带朋友一起前来洽谈,就说明该朋友的意见会对其购房决定产生一定影响。如果忽视了陪同的朋友,容易引发陪同者的不满,甚至会影响接下来的销售工作。

2. 对陪同买家前来洽谈的朋友十分热情,处处征求其意见。

点评:对陪同者过分的热情,这是经纪人工作不分主次的表现,这样处理并不专业,经纪人职业技能有待提高。

困惑解析

除了带家人,带朋友前来一起看房一起洽谈的买家也不少。对于这种情况,我们房地产经纪人同样要注意处理这种情况时的方式方法,不能太过冷淡,也不能太过热情。

通常情况下,买家能够带朋友一起来看房,说明他们的这位朋友应该具有一定房地产知识的,或者有过类似的购房经历。无论如何,既然买家请其做参谋,那么其意见对于买家的购买决定是会产生一定影响的。为此,我们在重点说服买家的同时,千

第六章 促成交易环节的困惑解析

万不能怠慢了他们身边的"参谋"。

一个比较好的方法，就是给予这位"参谋"足够的尊重，如"看来，您的朋友真是位专家""我从来没有碰到那么懂房产的人"。

正确应对示范

买家林先生带着一个朋友陈先生前来看房。

经纪人："林先生，这套房子很不错吧。"

买家林先生转过头来问他朋友陈先生："您觉得怎么样？"陈先生回答说："别的还好，就是只有一个卫生间不太方便。"林先生点了点头，"是的，一个卫生间的确不够方便，也不够卫生。"

经纪人一看到这阵势，就知道陈先生的话对买家是否购买有很大的影响："陈先生，您对房子的研究很专业啊，难怪林先生会请您帮忙看房。您说得没错，只有一个卫生间的确不太方便。不过，我们只要稍微改动一下，就可以变一个卫生间为两个卫生间了。陈先生，您说是吧？"

陈先生："那倒也是，这套房子是框架结构，这堵隔墙是可以拆除的。而这个卫生间那么大，完全是可以改为两个卫生间的。"

林先生："哦，对。"

经纪人："林先生，您这朋友真是位专家，请他来帮忙看房肯定不会看走眼的。您看这么一改，就不会有什么问题了。"

林先生："那当然，他可是室内设计师，要不我请他来干吗呢。"

经纪人："原来陈先生是室内设计师，不知道陈先生能否给我张名片，我这边经常会有买家买了房子要装修，让我帮忙推荐设计师和装修公司。"

陈先生："当然可以了，这是我的名片。"

经纪人："谢谢，以后碰到买家有需要，我就让他们给您打电话了哦。您看这套房子还有什么问题吗？"

陈先生："我觉得还不错。您看呢？"

林先生："嗯，我觉得也还可以，比前两套好多了。"

点评：对买家的陪同人给予足够的尊重，是处理这种状况比较适合的办法。

困惑 89 买家带律师来签合同

错误应对

1. "不是这样的,这是……"(处处反对律师,一旦发现律师的话对交易不利就马上制止)

点评:律师是法律的专业人士,买家既然会带律师一起来看房,说明他们是相信这个律师的。当其发表观点时你却制止他们,只会让买家对你的业务能力产生怀疑。

2. "嗯,没错,您说的对!"(担心得罪律师,对他们的话句句表示赞同)

点评:没错,在法律方面,律师是专家,我们要给予应有的尊重,但是也不必句句赞同。作为房地产经纪人,我们在二手房交易方面更在行,术业有专攻,应相互尊重各自的工作,有理有据,从容应对。

困惑解析

二手房交易风险比较大,一些谨慎的买家为了降低风险,在签合同时会带着律师。虽然律师对二手房交易市场可能并不多,但在手续办理、银行借贷方面他们会更加专业,而买家往往也更接受他们的看法。对此,我们只要把握住合同的原则方向,以及履行好自己的工作职责即可。

(1)在律师发表看法时,我们要虚心听取意见,对其专业性表示钦佩,如"您这么一指点,让我学到不少东西。"

(2)当律师对某些合同条款提出质疑或修改意见时,要把我们的立场告诉他们"为了确保公平,我们中介既要保证你们的合法权益,也要确保业主的合法权益。"表明立场之后,我们可以请教他们"依您看,您认为我们应如何修改才能更好地保证双方的利益呢?"通常情况下,我们对他们的尊重会使得销售工作进行得更加顺利。

第六章　促成交易环节的困惑解析

正确应对示范

买　　家："小王，我来介绍一下，这位是××律师事务所的大律师，秦律师。"

经纪人："秦律师，您好！您可真厉害，以前上学时我就一直想上法学院，可惜考不上。不知以后如果还有买家想请律师或咨询法律方面的问题，我能否打电话给您，请您帮忙？这是我的名片，您能也给我张名片吗？"

点评：给予对方足够的尊重，尤其是对其工作的尊重以及理解，会使得销售过程更加顺利地进行。

困惑90　买家交了定金后却迟迟不来交首付办过户

错误应对

1. 没事，买家既然交了定金就必然会来交首付办理过户手续。

点评：这种做法太过消极，不够主动，买家很有可能在此期间改变了想法，从而造成交易的终止。

2. "陈先生，已经快到约定时间了，您什么时候来交首付办理过户手续呢？"（三天两头打电话催促买家前来交首付办理过户手续）

点评：这样的做法容易影响到买家的正常生活作息，导致买家的不满，反而起到负面效果。

3. "陈先生，如果您不按约定时间交首付办理过户手续，那么……"（威胁买家倘若不来交首付办理过户手续，超过合同约定期限定金就要被没收了）

点评：这种用威胁的语气来与买家交谈是万万不可取的，重点还是要弄清买家的疑虑，从根本上解决问题，否则很容易对公司造成不利的影响。

困惑解析

二手房交易的基本流程是这样的：买家看中房子并谈妥价格后，与业主、中介签订一份三方协议，买家交付一定数额的定金；之后，买家应在约定的期限内支付首付款，并在约定的期限内与业主、中介一起前往房管局办理过户手续；最后，新产权证出来后，办理抵押登记，交付房屋。每个地方的具体操作或许有些不同，但大致流程是如此。

通过调查分析，快到合同约定期限时，买家在交付定金之后却迟迟未来交首付办理过户手续，原因有以下三种：受到市场大环境因素或者身边人的意见影响，买家认为房价过高、条件不够好、没有升值空间等，觉得自己的决定太过草率而感到后悔；碰到房地产形势走低，房价下跌，产生退房或者继续观望的想法；资金周转不便，打算晚些时候再交首付办理过户手续。

无论是哪种原因导致这种情况出现，由于买家已经缴纳了定金，并且已经签订了三方协议，如果超过合同规定期限不前来交首付并办理过户手续，按照协议规定定金就要被没收。如果要到交首付的期限了，买家却仍然没有动静，我们应履行自己的职责，及时提醒买家，以避免买家发生经济损失。既然买家没有主动前来，我们就有必要主动联系买家，了解其迟迟未来交首付的原因，及时弄清买家的想法，但务必要避免使用强硬的语气、态度和方式。最好能够再次邀约买家前来公司进行商谈，进一步为买家梳理房源的特点和价值等。如果买家在电话中再三推脱，我们可以告知买家详细的签约规则，让其了解到不及时前来交首付导致逾期的话就无法退回定金，促使对方尽快做出决定。在得知买家的顾虑之后，我们应该对症下药，及时为买家解决顾虑。

正确应对示范

经纪人："刘先生，您好！我是××房产的小陈。"

买　家："哦，小陈，你好！"

经纪人："刘先生，是这样的，业主今天打电话问您什么时候办过户手续呢？"

第六章 促成交易环节的困惑解析

买　家："小陈，说真的，我都有点后悔了，朋友们都说我买贵了，我一个朋友的同学前段时间也买了这里的一套房子，人家每平方米才43000呢！"

经纪人："43000？不可能的，刘先生，如果有这个价格，我们中介肯定都知道。我估计会不会是边上的××阁呢？××阁是2003年的房子，比较老旧，所以价格比较便宜。今年，我们这里的房子卖得最便宜的一套是3月份那套一楼的，43800元。对了，上周又刚出来一套房源，和您这套一样也是三室的，不过楼层比较低，装修也比您这套差多了，但业主却报价每平方米5万元！您这套房子真的买得太值了！"

买　家："真的吗？我也觉得不可能43000能买到，等会我问问到底是哪个小区的。"

点评：买家任何的顾虑都是有原因的，当我们得知其真实原因后，就要用事实去为买家解惑。

第七章

处理客户投诉环节的困惑解析

困惑 91　买家交了定金后，却要求退定金

> 错误应对

1. 轻易就答应买家的退定要求。

点评：实际工作中，我们中介与买卖双方所签的协议多是三方协议，作为中介方，我们是无权自作主张就答应客户的退定要求的，而必须是双方协商一致同意才能退定。

2. 不管买家的原意如何，直接告知买家已经交付了定金便不予退房，或是要退房的话就需要缴纳违约金或没收定金。

点评：这种应对方式显得太过强硬，容易引发买家的不满，不是房地产经纪人解决问题应该有的态度。

3. 直接与买家产生争执。

点评：与买家发生正面冲突，不管情理在哪一方，都会对我们房地产经纪人和公司的形象造成极坏的影响，对问题的解决却于事无补。

第七章 处理客户投诉环节的困惑解析

困惑解析

交易过程出现反复,确实是件让我们房地产经纪人头痛却又不得不全力以赴去处理的事。当买家前来要求退定金时,我们需要注意以下三点:

首先,这类买家最好不要直接在门店中接待,应单独带往会客室洽谈。

其次,要弄清楚买家退房的真正原因再对症下药。

最后,要尽最大努力挽回买家的想法,即使没办法挽回,也要清楚地向买家表明责任归属问题,一切严格依照合同条例办理。

遇到买家要求退定的情况时,我们首先不能自乱阵脚,而应该先弄清楚买家要求退定金的真正原因,只有这样才能对症下药,及时解决买家遇到的问题。一般情况下,容易导致买家产生退定金念头的因素有以下三种:

一是房地产形势向下,房价持续走低,不少买家担心此时买房会亏损,或者买了之后价格可能会大跌,所以便在交付定金后要求退房。对于这种因受市场环境因素影响买家退定金的,我们可以从专业的角度或者援引一些专家的看法,为买家分析房产的趋势走向,从更全面和更客观的角度来同买家一同分析当前房地产的形势。

二是由于买家是受到他人意见的影响,觉得房价过高等原因,所以急于退房。对于这种因受其他意见而犹豫的买家,我们应该从房源的具体情况出发,以房源的各方面因素以及买家的住房需求出发,来为买家分析该房源是否可买,以为买家选择到最合适的房源。

三是可能买家在下定金之后,筹集房款过程中出现了一些资金问题,导致无法立即实现买卖交易。对于这种因资金问题而要求退定金的买家,我们在对其表示理解的前提下,为其寻找是否有更适合的贷款方式,并向其说明合同签订后的法律责任。

在了解了买家退定金的真实原因之后,应当注意我们都不能立刻答应对方的要求,而是要想办法尽力挽回买家,为买家解决当前的顾虑,将损失降至最低。在处理买家退定金要求时,我们一方面要再次强调房子特点与买家住房要求的匹配程度;另一方面也应向其说明,根据所签的三方协议,三方各自的法律权益和责任,并明确表示退定金不仅会跟好房子失之交臂,还有可能因此而损失更多。

正确应对示范

买　家："小陈，那套房子我不要了，你让业主把定金退还给我吧。"

经纪人："马先生，发生什么事了？您先别急，我们先坐下来喝杯茶，再慢慢说。"

买　家："好的。"

经纪人："马先生，我不太明白是什么原因，怎么突然想要退定金呢？"

买　家："这两天新闻不是一直在报道吗，许多相关政策即将出台，大家都说房价一定得跌，我这房子还没到手呢，就要亏了，你赶紧帮我退了。"

经纪人："马先生，这个信息我们也有了解，上次您来看房时我们也探讨过，但您看看这房价有降过吗？"

买　家："可我这心里还是不踏实，万一这次真降了呢？"

经纪人："马先生，不知道您发现没有，这次国家说的是要'抑制房价过快上涨'，而不是说要'让房价下跌'。国家打击的是炒房客，而不是刚性需求。对于自住购房的，关键是房子要符合自己的需求，好房子可是不等人的，2008年房价下跌，您看有多少人买房？结果到了2009年，房价一路上涨，想买房的人发现好房子很难买到了，结果一等再等，结果不但多花了几十万元，买到的还不一定是自己合意的。所以说，如果是自住，关键是买到好房子，房价涨跌和我们关系不大。"

买　家："怎么会关系不大呢？如果房价跌了，我这套房子说不定可以省下十来万元呢。"

经纪人："马先生，就算按您的假设，房价真的跌了，那您也不一定能以那么低的价格买到这么好的房子。再说了，您买的这套房子，地段这么好，房子条件也很不错，交通、周边配套都没话说，住起来非常舒适，您还有什么好担心呢？不仅价格划算，您自己也非常喜欢，如果轻易就退了，恐怕以后很难再找到这么称心如意的房子了，不是吗？"

买　家："你还是给我退了吧。"

经纪人："马先生，退定金不是我所能做主的，房子是业主的，定金也是业主收的，我们已经签订了合同，如果要退定金，根据法律规定和合同约定，您的定金也是要被业主没收的。而且，我们已经签了三方协议，说明我们中介的居间活动已经完成，中介费您也是要全额支付的。当时在签订合同时，这些相关注意事项，我们已经向您说明清楚了。您想想看，现在退定金，不但要损失定金、中介费，而且将来房价要是再上涨，您不是损失得更多吗？"

买　家："哎，算了算了，买就买了。"

点评：对于一个问题的解决，一般会有三个阶段：发现问题、分析问题、解决问题。解决问题的前提是发现问题，关键是分析问题。倾听完买家的问题后，我们必须认真分析其原因，在问题原委尚未明朗的情况下，切记妄下论断，这是处理买家投诉的最基本要求。

困惑92　业主抱怨房地产经纪人打电话太频繁

错误应对

1. 嫌我打得频繁，那以后我就不打了，当然也不会尽力去推介你的房源了。

点评：作为二手房中介，你做的是居间服务工作，不与业主保持联系，你怎么促成双方的交易呢？你不去推介业主的房源，还有其他途径可以推介，所以这么做其实损失的是自己。

2. 业主抱怨归抱怨，一如既往地打电话给业主了解情况。

点评：既然业主已经明确表示电话太过频繁，你还一如既往地打电话，只会让业主认为你在有意"骚扰"，从而对你产生反感，甚至拒绝再将房源委托给你卖。

3. 假借其他中介公司的名义打电话给业主了解房源情况。

点评：这种行为属于不正当竞争，应当坚决杜绝。

困惑解析

如果业主委托多家房产中介出售房源，势必就会有多位房地产经纪人同时跟进此房源，有时候甚至是同一中介公司的不同房地产经纪人打电话咨询。一般情况下，房地产经纪人咨询的问题都差不多，因而很容易出现业主会抱怨房地产经纪人打电话太过频繁的情况。如果房地产经纪人的态度不好，则更会引起业主的不满，甚至会被定义为"骚扰"电话。

为了避免影响业主的正常生活及其不满，我们首先应该从自身的跟进方法着手，改进沟通的方式。当业主表示已经有多位房地产经纪人打电话咨询时，我们应先向业主表示歉意，同时向其汇报房源当前的带看情况等。其次，在平时，我们可以用手机短信、微信、QQ等联系方式与业主沟通，此后打电话给业主时，自然就会显得比较融洽。最后，也是最重要的，经纪人应该将每次跟进获得的房源信息系统整理并保存到计算机中，这样就可以避免经常打电话打扰业主的情况出现。

正确应对示范1

经纪人："郭小姐，您好，我是××地产的小杨，请问您××小区那套三室二厅的房子现在卖多少钱？"

业　主："怎么又是你们××地产，烦不烦，前两天不是才打了两三个电话来问过吗？"

经纪人："真不好意思，又打扰您了，郭小姐，我这次打电话来正是为了这事。"

业　主："什么？"

经纪人："最近有业主向公司反映，说有很多同事打电话过去问同样的问题，影响到了他们的工作。如果之前也有多位同事打电话给您，我代表公司向您郑重地道歉。另外，我想核实一下您那套房子的一些信息，记录在计算机上，让其他同事都能看到，这样就避免大家轮番打电话给您，问同样的问题了。"

业　主："哦，好！"

经纪人："请问您那套房子现在卖多少钱？"

业　主："……"

点评：当业主表示对中介的电话感到困扰时，有经验的房地产经纪人应该及时转换思路，主动为业主提供更好的合作形式。业主看到自己的烦恼可以得以解决，通常也会积极配合。

正确应对示范2

经纪人:"傅先生,您好,我是××地产的小罗,请问您××国际那套房子现在卖多少钱?"

业　主:"你们怎么动不动就电话问卖多少钱,不是早就告诉过你们了吗?烦死了,不卖了,不卖了。以后不要再打电话过来了。"

经纪人:"傅先生,打扰到您了,真的很抱歉,但是我还是希望能打扰您几分钟,毕竟为业主把房子卖个好价钱是我的工作。"

业　主:"什么意思?"

经纪人:"是这样的,我有一个很实诚的买家想买您这种户型的房子,因为各方面条件都很符合他的要求,所以我想了解一下您那套房子现在卖多少钱?"

业　主:"哦,386万元。"

点评:遇见已经被中介电话非常反感的业主时,经纪人不能轻言退缩,态度诚恳、同理心思考会让业主看到你的良苦用心,从而消除怒气。等业主稍微平静后,自然会告知你房源信息。

困惑93　买家投诉说业主想要推迟交房时间

错误应对

1. 了解情况后没有及时协助解决问题。

点评:买家既然投诉了,说明他们已经产生了不满,如果再不及时予以解决,只会让他们认为你对其不够重视,从而让问题变得更加不好处理。

2. 没了解清楚情况,就承诺买家一定能让其按时收到房。

点评:不要在没了解清楚情况时给买家做出绝对的承诺,这才是对双方负责任的职业处理方式。更何况,作为房地产经纪人,提供的是居间服务,不能只考虑到一方的情况。

3. "这是业主的问题,您自己去找业主协商吧。"

点评:虽然合同已经签订,但房地产经纪人的中介工作并未完全结束,这种推脱责任的做法是不可取的,甚至会引发和买家的冲突。当买家遇到难题或寻求帮助时,你要尽力协助买家解决问题,这样才是一个经纪人专业的职业素养。

困惑解析

在二手房交易中,延期交房是经常会遇见的一个情况。引起这种情况的原因很多,有的是买家自己的原因造成的,也有的是业主原因导致的,或者是房地产经纪人的工作不到位引起的。

不论是哪种原因引起的,作为专业的房地产经纪人,我们首先要做的是了解清楚具体情况,认真倾听买家的投诉,并详细了解买家的问题。其次是对买家的感受表示认同,平息其怒气,然后立即响应,快速地给出解决的方案,给买家一个满意的答案。不可拖延处理,更不可随意应付了事,这只会让买家的抱怨越来越强烈,让买家感到自己没有受到应有的重视。

有一点需要注意,买家在投诉时,可能会情绪激动,甚至可能言辞激烈。对此我们要保持冷静,克制自己的情绪,切不可与买家发生争吵。否则,只会扩大事态,让买家失望地离去。

正确应对示范

买　家:"小王,你帮我问问业主,他是怎么搞的,说好18号交房,可是昨天却告诉我要月底才能交房。"

经纪人:"张先生,不好意思,来,您先坐,这边请!"

买　家:"这也太没信誉了吧!合同里白纸黑字可是都写好了的,他这么做可是违约的。"

经纪人:"真的很抱歉,张先生,关于这个问题,我正准备找您谈谈。是这样的,昨天业主也跟我打过电话,他的意思是希望能延迟几天交房,因为他新家刚装修,如果马上住进去对身体有害,希望您能通融一下,给他十来天的时间。他表示愿意支付您半个月的房租费。"

买　　家:"我租的房子过些天也就到期了,其他人已经准备要搬进来了,我总不能去另外再租一套房子吧。没这么办事的!"

经纪人:"真的不好意思,张先生。要不这样,我跟业主商量下,看能不能在您房租到期的那天搬走,问题毕竟出现在他那里。至于晚交房的那几天,让他按天给您计算房租。"

买　　家:"那还差不多,这事你得快点搞定。"

点评:面对前来投诉的买家,不管出于何种原因,我们都要尽量避开在门店直接接待,而应将投诉买家引导至相对独立的会议室或者休息室,这不光有利于平复买家的情绪,也不至于对门店形象造成不必要的影响。对于买家的投诉事项,我们一定要认真倾听,并及时给出可行性的建议,否则只会让买家心中的怒火愈燃愈烈。

困惑94　房价下跌了,买家要求赔偿损失

错误应对

1. "这怎么能怪我们呢!买房子就像炒股票一样是有风险的,如果房价涨了,你会分我钱吗?跌了,自然只能你自己承担风险了。"

点评:这种说法太过于强词夺理,丝毫不考虑买家的感受,只会让其情绪更为激动。

2. "我们怎么骗你了?合同是你自己签的,白纸黑字的,您继续这么无理取闹也没用,就算闹到了法庭我也不怕。"

点评:这样的回答太强势,只会让事情变得更加难以处理,甚至引发场面失控。

困惑解析

没有只涨不跌的商品。刚买的房产一下就贬值了,当中差价甚至动辄数十万元上百万元,有些不了解房产趋向走势的买家会认为自己上当受骗,怒气冲冲找上门来,

要求赔偿损失。当这种状况出现时，该如何应对？

　　房产作为一项商业产品，除了自住之外，还可以作为投资。既然是投资，就必然会有风险。尤其是在目前的经济环境中，各种不确定因素充斥其中，房产的价格不断波动是正常的。处理此类问题时，我们应注意从两个方面着手：

　　首先，原则性的问题一定要坚持。我们要向买家解释相关的法律条例，让其明白他们的这种要求并不受法律支持的，我们中介本身没有法律义务给买家赔偿损失的。

　　其次，面对买家这样的要求，我们不能针锋相对，而应以理服人，耐心向买家说明任何投资的风险是谁都没有办法精准预料到的，即使是我们房产中介也常常会遭受损失，这些都是不可避免的，买家在进行购买行为时就应该考虑到。

　　有一点需要注意的是，为了避免此类情况发生，我们在与买家沟通时，千万不能信口开河地向买家做保证说房价肯定会上涨或不会下跌。即使是再权威的专家学者，也无法准确判断市场走势。

正确应对示范

　　买　家："小郭，上个月你还一直和我说房价不会跌，现在跌了，怎么办？你得赔偿我损失！"

　　经纪人："孙姐，发生了什么事，您先别急，有什么事我们坐下来慢慢说。"

　　买　家："那房子我才买了不到一个月，这价钱就跌了这么多，我这不吃了大亏吗？你得赔偿我损失。"

　　经纪人："孙姐，您的心情我能理解。您也应该很明白，没有只涨不跌的商品，房价涨涨跌跌也是很正常的事。"

　　买　家："你上次还和我说房价不会跌，我才买的。"

　　经纪人："孙姐，请不要误会。上次您问我房价走势会如何，我和您说了，我个人觉得房价不可能大幅下跌。我说的只是我个人的看法，买卖决定权是在您。"

　　买　家："算了算了，也怪我当时没多考虑清楚。"

　　点评：面对情绪较为激动的客户，作为房地产经纪人，我们一定要掌控好自己的情绪，要通过语气语调以及表情、肢体语言等尽力使买家趋向平静。心平气和的交谈才更能还原事情的本来面目，才能理清问题和找到解决办法。

第七章 处理客户投诉环节的困惑解析

困惑95 客户情绪十分激动，一进门就大声说话

错误应对

1.（不重视，并且没有立刻采取应对措施，或者敷衍了事）"您先坐会，一会儿我们经理回来再给你处理。"

点评：没有争吵的对手，客户可能会暂时冷静下来，但这种不被尊重的感觉也极有可能会让客户的怒火愈燃愈烈，从而使场面失控。

2. 在中介门店直接处理问题。

点评：客户上门来理论，无论是谁对谁错或谁有理谁没理，都会对门店造成不必要的影响，应该另外单独安排地方接待处理。

3.（强硬要求客户保持冷静，语气或态度粗暴，甚至与其争执）"您能不能先冷静下，没必要这么大声嚷嚷吧？"

点评：以强势甚至是无礼的态度只能是将当前的矛盾进一步激化，对问题的解决有害无利，反而有可能令事态扩大化。

困惑解析

房产买卖是件大事，动辄上百万元千万元，只要出现问题，客户很可能会比较着急，并且大都因为心急导致情绪不稳定。部分客户甚至会冲进门来大声质问，极有可能引来其他客户的注意甚至围观。当出现这种情况时，我们应该按以下方法妥善处理：

（1）处理客户的投诉是一项需要相当谨慎、仔细的工作，对此我们要有足够的耐心，处理人的一举一动、表达方式、语气态度都会对问题的解决产生极大的影响。有时，我们不经意的一句话，或许就会令局面更加难以收拾。

（2）鉴于此类客户情绪较为激动，若在开放的门店环境中直接处理问题，势必会

对公司形象造成不利的影响,也会妨碍其他同事的工作。为客户提供单独的接待空间,不仅避免了对他人不必要的影响,也会使客户觉得自己受到了重视,得到了应有的尊重。

(3)客户刚进门或者刚要开始阐述问题时,情绪波动必然比较大,言语也可能会比较激烈,此时应给客户一段情绪的缓冲和过渡时间,并对此表示理解,以避免与客户发生冲突。

(4)待客户情绪较为稳定后,我们应耐心地聆听客户的诉求,不仅要注意客户表达的内容,也要注意客户的语气和神情变化等,以进一步掌握情况。听取客户表述的过程中,我们应及时记录下要点,以准确把握处理重心。了解情况之后,按自己的理解整理得到信息并向客户复述,确认是否一致,同时这也是在展示我们对客户的尊重以及想要解决问题的诚意。

(5)在采取任何处理措施之前,我们房地产经纪人良好的处理态度是基本,都应始终保持笑脸相迎、礼貌对待。

正确应对示范1

客　户:"你们这群骗子,这房子我不买了,把钱还给我!"

经纪人:"刘先生,您先别急,有什么问题我立刻为您解决,这边请,先喝杯茶。"(引至会客室)

经纪人:"请先喝杯茶,有什么事慢慢说。"

客　户:"好的。"(情绪稍微稳定)

经纪人:"请问是哪方面出了问题呢?为什么突然说不要房子了?"

客　户:"……"

经纪人:"您的心情我能明白,换作是我,也一定会紧张,但是……"

点评:面对言辞较为激烈的客户,一定要安排相对独立的空间来接待,否则会对同事工作以及在场的客户产生不必要的影响。在与客户沟通时,经纪人应先对客户表示理解、认同,这有助于帮助平复客户过激的情绪,等到气氛稍微缓和一些了,再分析具体的问题和原因。

第七章 处理客户投诉环节的困惑解析

正确应对示范2

客　户："把你们领导叫出来，你们到底是怎么做事的！"

经纪人："罗先生，您先别生气，有什么问题我们一定会为您解决的，您这边请，先坐下再说。"

客　户："让开，叫你们领导快点出来，出了事就不管了是吧？"

经纪人："对不起，您先冷静一下，有什么问题告诉我们，等我们调查清楚之后一定给您好好处理，我们主管暂时有事外出了，您先到会客室休息一下，喝杯茶，我现在就通知他回来。"

客　户："那行。"

告知主管：

经纪人："我们主管在赶回来的路上，大概十五分钟之后就到了。您可不可以先告诉我发生什么事了？"

客　户："……"

点评：时间可以冲淡一切，包括情绪。面对情绪激动的客户，我们要为其提供相对独立的空间和独处的一小段时间，待其心情稍微平静一些后，我们才能更清楚地从其表达中明白事情的原委，找到解决问题的方案。

困惑96　客户投诉房地产某经纪人服务态度差

错误应对

1.（随意敷衍了事）"嗯……嗯，我到时候和他（她）说下，让他（她）以后注意点。"

点评：这种做法是不负责任的表现，不但不会让客户满意，反而还会让客户更加恼火。

2. 对待投诉的客户态度恶劣，语气和态度显得极其不耐烦。

点评：本来就是投诉服务态度的，结果处理投诉的人也是一样的态度，这种处理方式非常的不可取。

3.（不管事实如何，明显偏袒自己的同事）"不可能，我们这儿绝对不会发生这种事。"

点评：在弄清事实之前，最好不要轻易下结论，更不能有偏袒的态度，否则会影响到客户对公司的信任。

困惑解析

许多客户表示，接待自己的房地产经纪人在交易之前对自己很热情友善，双方交流相处得也很融洽，但交易结束后经纪人的态度就没有之前那么友善了，令客户相当不满。因此，有部分客户便会打电话前来投诉这样的经纪人，倘若接电话的正是你，你该如何应对呢？

客户对于房地产经纪人态度问题的投诉是较常见的问题，而这类问题不同于房子或其他有形的产品，很难有确切的证据。

（1）处理这类客户投诉问题，我们首先应避免对自己同事的印象而影响了工作。不论情况如何，我们都应该先仔细倾听客户的陈述，并及时对客户表示道歉，努力使客户的不满情绪有所稳定或降低。

（2）倘若投诉的客户因情绪波动较大，表达得不够明白或者条理不够清晰，我们可以适当地进行引导，让其说清事情的来龙去脉。倾听的过程中，我们应该及时做好记录，然后向客户表示会立即着手处理，并会在短时间内联系客户告知其解决的结果，避免任何主观上对同事的袒护。

（3）最后，我们要再次对客户致以歉意，感谢客户对公司提出的宝贵意见。在此对话中，应避免立刻就对客户做出一些未知的承诺，假如事后无法完全兑现承诺，会让客户产生不满，从而损害了公司形象。

还有一点，对于此类客户投诉，我们房地产经纪人通常没有处理的权力。因此，在安抚客户之后，应告知客户我们会向领导汇报情况，表示领导一定会妥善处理的。必要时，可以让领导给客户打电话，告知处理结果。

第七章 处理客户投诉环节的困惑解析

正确应对示范

客　户："喂，我要投诉你们公司的那个小刘，他的服务态度太恶劣了！"

经纪人："先生，对不起，请问您贵姓？您说的是哪个小刘，可以把事情经过详细和我说一下吗？"

客　户："我姓杨，上周六刚和你们签了合同，昨天去你们公司，就是原本接待我的那个小刘，我去问些后续手续的问题，他居然理都不理，还说很忙没时间，说什么有什么问题之前都告诉过我了，让我自己回去看资料，正眼都不看我一下，这什么态度！"

经纪人："杨先生，请问您说的是×××吗？"

客　户："没错，就是他，收了钱就不管事了，哪有这样做的！"

经纪人："杨先生，发生这种情况我们很抱歉，您刚才所说的事我都记录下来了，等一下我就会立刻向公司汇报并展开调查。如果情况属实，我们一定会给您一个满意的交代。请您留下联系方式，我们会在三天之内联系您的。"

点评：接待客户的投诉一定要保持理性的头脑，应该让客户看到你是站在一个绝对客观的立场上来处理这件事情的，并且给出处理的时限，这样才能让客户看到你的诚意。

参 考 文 献

[1] 陈信科,范志德. 二手房销售技巧——房地产经纪人的38堂必修课[M]. 北京:机械工业出版社,2012.

[2] 魏玉兰. 房地产经纪人培训教程[M]. 北京:京华出版社,2008.

[3] 陈春洁,陈信科. 我是这样做二手房中介的[M]. 北京:机械工业出版社,2011.

[4] 陈信科. 二手房销售高手的36项技能训练[M]. 北京:中信出版社,2016